JN290228

進藤　兵
山本由美
安達智則●編

学校統廃合に負けない！

小さくてもきらりと輝く学校をめざして

花伝社

目　次

はじめに――「小さくてもきらりと輝く学校フォーラム」のこれまでの活動――

フォーラム　進藤　兵

このささやかな本は、首都圏各地で公立小規模校の統廃合反対運動に取り組んできた保護者たちと、「教育改革」の動きを批判的に分析してきた研究者グループとの出会い――あえて言えば、「義憤」でつながった出会い――から生まれた本である。

研究者グループの山本由美さんは、一九九〇年代後半以降に東京の足立区・品川区・荒川区などで実施された「学校選択制」――指定校制度・学区制度をやめて、子ども・保護者が区・市内の公立小中学校を「選択」できるようにし、学校どうし、子供どうしを競争させるしくみ――について、選択・競争・能力主義を強調する新自由主義思想に基づく教育改革の一環ではないかという視点から、研究してきた。また私、進藤は石原都政（一九九九年―）の教育改革の中に新自由主義的「地方自治構造改革」の特徴が最もはっきり現れていると考えるようになっていた。

この二人を含む民主教育研究所の研究班は、二〇〇三年から東京都の品川区・荒川区における学校選択制・一斉学力テスト導入・英語特区といった新しい教育改革の調査を始め、その成果を堀尾輝久・小島喜孝編『地域における新自由主義教育改革』（エイデル研究所、二〇〇四年）として出版した。

その過程で、山本さん（練馬区立小学校の子どもの保護者でもある）は、荒川区の学校統廃合反対運動の関係者や、学校選択制の結果、入学者がいったんゼロになりながらも、地域社会の共同の力で危機を乗り切った同区立第二日暮里小学校の保護者たちと知り合うことになる。さらに、台東区や板橋区、杉並区、中野区、東久留米市、松戸市など首都圏各地で、学校選択制と連動した小規模校の廃校が急速に進められていること、これに反対する保護者・地域住民の運動が叢生していることが、わかってきた。

本書にも執筆していただいた市村さん・小林さん（荒川区）、台東区立台東小学校のＰＴＡの方々、本村さん（板橋区）、草刈さん（東久留米市）をはじめとする保護者たちの、子どもが通いたいと言っている学校が統廃合される悔しさ・無念さ、地域の学校を守ろうとする手作り・手探りの運動の苦しさ、地域住民の声に背を向ける教育委員会事務局の官僚主義への怒り、地域と共にある小規模校の教育実践への誇りは、研究者たちも共有するところとなった。また、こうした保護者・地域住民の「地域の学校を守る運動」が、新自由主義的教育改革や地方自治構造改革とは異なる、「地域」「共生」「共同」を大切にするもう一つの教育改革・地域づくりへの道を開拓する芽ではないか、とも考えられた。その見通しは、東京自治問題研究所の安達智則さんも共有するものだった。

この出会いから、「学校統廃合に負けない！　小さくてもきらりと輝く学校フォーラム」を開こうという考えが生まれた。ちょうど、農山村の小さな町や村が、国からの市町村合併（自治体統廃合）政策に負けてたまるかという思いで「小さくても輝く自治体フォーラム」を結成して活動していたのが、ヒントになった。

そして、二〇〇四年も暮れようとする一二月一九日（日曜）の午後、東京でもなお下町の風情が残る台東区谷中の谷中コミュニティセンターで、「学校統廃合に負けない！　小さくてもきらりと輝く学校フォーラム」が初めて、開催された。その呼びかけ文は、次のようなものだった。

首都圏でひろがる学校統廃合。特に最近拡大しつつある学校選択制の結果一層小規模校化した学校が統廃合対象になるケースが目立ちます。でも地域の公立学校を簡単に廃校にしてしまってよいのでしょうか。統廃合に反対する父母、あるいは、統廃合を克服した父母、地域住民たちの実践を交流して、公教育の再編をねらう一連の新自由主義教育改革を見なおしていきましょう。

当日は、「地域に根付いた教育実践」を提唱してきた田中孝彦さんの記念講演、山本さんによる学校統廃合問題の背景分析、新潟大学教育人間科学部・世取山洋介さんのゼミが作成した東京都内二三区の学校統廃合・学校選択制の状況の発表が行われ、学校統廃合に反対する各地の関係者が思いのたけを述べ合い、そして参加者一同で「アピール」（八三ページ）を採択した。

年が明けて、二〇〇五年の初めの会合で、今後も「フォーラム」を続けていくこと、そのために各地の保護者からなる世話人会プラス研究者からなる助言者グループという体制をつくること、「フォーラム」の内容を本の形で出版し、各地の統廃合反対運動関係者に広く知らせていくこと、第二回の「フォーラム」は廃校の危機が迫っていた台東小学校の地元で開催することが確認された。

二〇〇五年三月一三日に、台東小学校と同じ建物の中にある台東区金杉区民館で第二回「フォーラム」が開かれた。はじめに台東小ＰＴＡ会長・「存続する会」会長の訴えがあり、市村さんから荒川区立第九中学校の統廃合を中止させた運動の報告があり、そして昨年末の新潟県大地震と学校の関係について調査した世取山さんの講演「災害時避難拠点としての公立学校の意味」が行われた。

以上、二回の「フォーラム」のもりだくさんの内容を圧縮・編集して収録したのが、本書である。学校統廃合反対運動のノウハウを盛り込んだ「学校統廃合Ｑ＆Ａ」も巻末に加えた。私たちと同じ思いで学校統廃合問題に関わっている全国のみなさんに、本書を活用していただければ、幸いである。

第1章　学校選択で加速する学校統廃合——首都圏で何が起きているか

フォーラム　山本 由美

1　新しいタイプの学校統廃合

首都圏で、新しいタイプの学校統廃合が出現している。たとえば、学校選択制導入の結果、従来の小規模校の入学者が減っていっそう小規模化し、児童・生徒数が自治体の定めた「最低基準」を割ったために廃校においこまれる、といったこれまでにないケースが生まれている。あるいは、学校選択制が導入されなくとも、保護者が指定校変更をして入学者が減るように行政が「誘導」し、小規模校を廃校においこんでいくケースも見られる。

保護者や子どもに「選ばれなかった」学校は、消えていくしかない——そんなロジックが使われ、地域の学校が行政によって巧みに意図的に廃校に追い込まれていく。その背景には、東京都が突出してめざしている公教育制度の序列的・階層的な再編、いわゆる新自由主義教育改革の意図が見てとれる。本来、平等な教育サービスを提供するはずである地域の小・中学校が、予算を重点配分したエリートのための学校と、できるだけ予算をかけたくない、どうでもよい学校に分別されていく。そして後者の中で、非効率的でコストがかかり、内部で競争的な関係を作りにくい小規模校は〝学校リストラ〟の対象となっていくのである。これは今後、首都圏だけでなく今後全国に拡大していくことが予想される。

しかし、公立小・中学校が地域に果たしている役割は大きい。子どもの教育や生活の拠点としてだけでなく、コミュニティの核として、地域の文化センターとして、あるいは、災害時の避難拠点として、学校は機能している。このような現在起きている統廃合の事態、および地域の学校の持つ多面的な重要性を明らかにした上で、学校を守ろうとする力である、保護者や地域住民たちの運動の意義にふれていきたい。

●過疎・少子化による学校統廃合から新しい統廃合へ

これまで、学校統廃合は自治体の過疎化、少子化によって引き起こされると考えられがちであった。文部科学省が行なった「廃校施設の実態及び有効活用状況等調査研究報告書（〇三年）」による、九二年から〇二年まで一〇年間の公立小・中・高等学校等の廃校数は二一二五校である。都道府県別に見ると、第一位は北海道（二四五校）、第二位が東京都（一六五校）、以下、新潟県（一四三校）、青森県（一一〇校）と続く。北海道、新潟県などほとんどの自治体の統廃合の理由として、「過疎化」が挙げられている。

これに対して、東京都の場合は、調査では「高齢化」および「都市化」が理由に挙げられている。実際に一〇年間で廃校数の多かった自治体を見てみると、北区、足立区、荒川区、葛飾区など、都内東部で、地場産業の衰退に伴う少子・高齢化が見られる地域があげられる。くわえて、多摩市など、ニュータウンなどにおける世代交代の失敗による住民の少子・高齢化が起きている地域があげられる。また、例えば、かつて都内で最も大規模な統廃合反対紛争が起き、区長選の一大争点にまで発展した、千代田区における統廃合（九三年〜）も、都心における「少子化」を原因とするものであったと分析されている。

ところが、近年、新しい傾向として学校選択制（実質的な選択である指定校変更も含めて）とリンクする学校統廃合が見られるようになった。これは必ずしも少子化を要因とするものではない。東京都では全国で

表１　東京都 23 区における学校選択および学校統廃合の実施状況

新潟大学教育人間科学部比較教育学ゼミ作成（2005 年 5 月 22 日）

学校選択と学校統廃合の関係	行政区	学校選択		学校統廃合		
		小学校	中学校	計画策定年	適正基準（学級）	最低基準・統廃合基準（人）
A 学校選択と統廃合がリンク	千代田区	—	全・03	00	中：12 ～ 18	—
	港区	隣・05	全・05	02	小：12 ～ 18	小：100 人
					中：9 ～ 18	中：200 人
	新宿区	隣・05	全・05	02	—	小・中：150 人程度
	文京区	—	全・03	02	小：12 ～	小：150 人
					中：9 ～	中：120 人
	台東区	—	全・03	00	小：12 ～ 18（246 ～ 720 人）	小：150 人
					中：12 ～ 18（363 ～ 720 人）	中：180 人
	墨田区	全・01	全・01	95	小・中：12 ～ 18	—
	目黒区	隣・05	隣・03	03	中：11 ～	—
	大田区	△（指定校変更活用）		03	小：12 ～ 18	小：150 人
					中：12 ～ 18	—
	杉並区	隣・？	隣・？	03	小：12 ～ 18	—
					中：9 ～ 12	
	板橋区	全・03	全・03	01	小・中：12 ～ 18	小・中：150 人
	足立区	全・02	全・02	95	—	—
	中野区	05 実施予定を 1 年延期		04	小：18 程度	240 人
					中：15 程度	180 人
	練馬区	—	全・05	04	小：12 ～ 18	—
					中：11 ～ 18	
B リンクの可能性あり	品川区	ブ・00	全・01	—	—	—
	豊島区	隣・01	隣・01	01	小：12 ～ 18	△
					中：9 ～ 18	
	荒川区	全・03	全・02	—	—	—
C 選択あり、統廃合なし	中央区	—	全・04	検討中	—	—
	江東区	全・？	全・？	—		—
	渋谷区	全・04	全・04	—	—	—
	葛飾区	隣・05	全・05	課題	—	—
	江戸川区	受・？	全・03	—	？	—
D 選択なし	世田谷区	—	—	00	—	—
	北区	—	—	02	—	—

全・04　　（選択範囲）・（導入年度）

選択範囲
- 全　　全校
- ブ　　ブロックの中の学校
- 隣　　隣接校
- 受　　受入校
- —　　選択無し

も突出して学校選択制が増えている。**表1**の「東京都二三区における学校選択および学校統廃合の実施状況」に見るように、二〇〇〇年の品川区に始まり、〇五年現在、二三区中一九区では、何らかの形で学校選択制が導入されるに到っている。保護者や子どもによる〝選択〟というかたちで、公教育に「市場原理」「競争原理」が導入されることにより、各学校が「特色」を競いあい、教育の質は向上し、結果として、私立学校と競合できるような公立学校になりうる、といった説明が行政側からなされる。

それに先がけて、あるいは並行して、**表1**に見るように、二〇〇〇年から〇五年にかけて多くの区は、公立学校の「適正基準」および「最低基準」を、審議会等によって設定している。これによって、「一二〜一八学級」といった「適正基準」に達しない小・中学校は、「不適正」というレッテルをはられることになる。また、「最低基準」は、結果的に統廃合基準として機能することになる。すなわち選択の結果、児童・生徒数がこの数字に達しなかった場合、自動的に廃校、あるいは廃校へ向けてレールがしかれる事態が出現したのである。新宿区、台東区、大田区、板橋区などは、全校で「一五〇人」を最低基準として挙げている。これは小学校だと、各学年一クラス、二五人構成の学校となる。都内ではしばしば見られる規模の学校である。

学校選択制を導入した結果、子どもが集中する学校と、減少する学校に両極化する現象が起こっている。それまでの小規模校、たとえば各学年一クラスの単学級構成の学校が、保護者によって「選択」されず、さらに小規模校化する現象が、ほとんどすべての自治体で見られるようになった。その理由として、「単学級構成で、人間関係が固定化してしまい、いじめがあった場合逃げられない」「多様なクラブ活動ができない」などを、保護者はあげる。しかし、実際に、小規模校において極端に入学者数が減っているのは、多くの場合、行政が将来的にその学校が統廃合される計画を公表したケース（たとえ後で撤回しても）、そしていったん統廃合が地域の噂になったケース、なのである。一般に保護者は、将来統廃合されるおそれのある学校ように、あえて途中転校のリスクをおかしてまで子どもを行かせない。また、学校の「特色」に基づいてというよりも、風評などで学校を選ぶ傾向がある。

言いかえれば、学校選択制のもとでは、廃校の情報を流すことによって、行政は保護者や住民との交渉など面倒な手続を行なうことなく「手を汚さず」に統廃合を実施することができる。また、小規模校に子どもが集まらないのは、校長、教師、そして保護者の「努力不足」である、と責任転嫁することもできる。

さらに、複数の区では、最後に数名だけ残った小規模校への入学希望者に対して、教育委員会職員が「説明」と称した「説得」を行ない、他へ希望校を変更させて入学者をゼロに近づけていく、という実質的な「誘導」が手法として見られることも特徴的である。

そのように、「最低基準」を前提とした学校選択の「結果」によって、学校統廃合が生み出される可能性は、**表1**の分類、「A　学校選択と統廃合がリンク」「B　リンクの可能性あり」に該当する多くの区で見られる。

たとえば、Aに分類される板橋区では、二〇〇一年に「一五〇人基準」が設定された二年後の〇三年、学校選択制が導入された。その結果、児童数が「一五〇名」を切った若葉小学校に対し、区は廃校を宣告した。最低基準の存在さえ知らなかった保護者たちは驚き、機械的な廃校措置に対し反対運動を起こした。翌年、多数の入学者を迎え児童数を回復できれば廃校は免れると、彼らは子ども集めに努力した。しかし、いったん廃校計画が公表され、区が廃校へ向けた姿勢をみせる学校に入学希望者を集めることは困難だった。希望者は二名にとどまり、教育委員会は「選択の結果なので仕方ない」とし、〇五年三月、同校は多くの保護者の反対にもかかわらず廃校された。このケースについては、第3章Ⅲ本村論文で紹介する。

●新自由主義教育改革の流れの中で

このような学校選択と学校統廃合とのリンクはいつ始まったのか。一九九六年一二月、政府の行政改革委員会によって出された「規制緩和の推進に関する意見（第二次）――創意で造る新たな日本――」は、公立学校間の「格差」の導入と「保護者の選択」の推進を初めて打ち出したものである。それは、その後の新自由主義教育改革の一貫としての学校選択制に道を開いた。直後の九七年一月、文部省通知「通学区域制度の弾力的運用について」によって、保護者が通学区以外の学校を選ぶことが、それまでより広範にできるようになった。その際、当時、社会問題となっていたいじめ問題への対処法であることが、〝口実〟に使われた。

その時期と前後する九五年から九八年の間、全国で最も早く、東京都足立区で、先行的な「通学区域の弾力化」が実施された。これは、区教育委員会の例示した広範な「承認基準」に合致しさえすれば、すべての希望者が自由に学区変更を認められるという、実質的な「学校選択制」の導入ともいえるものであった。

足立区は、以前から地域の公立〝名門校〟などへの区内越境入学が多い地域で、「通学区域の弾力化」はいわば制度的にそれを認めたものでもあった。それと同時に、戦後、急激な人口増とともに増加した小・中学校に対する大規模な統廃合計画（九四年～）をスムーズに進めるために、区が「通学区域の弾力化」を利用したのではないか、という推測を複数の論者があげている（久冨善之他『学校選択の自由化をどう考えるか』、大月書店、二〇〇〇年、児玉洋介「通学区域の弾力化と学校統廃合問題」、『子どもと生きる』、一九九八年七・八月号など）。

足立区は、下町で地域住民の結びつきが強く、また教員組合が一定の勢力を持つ地域である。かつて七〇年代後半以降、中学校の「荒れ」が問題になった時、教師たちが地域に出て保護者と手を結んで、「自治と文化」をスローガンに学校を立てなおしていった経験をもつ地域もあった。そのような伝統を背景に、最初に行なわれた統廃合に対して、地元住民や教師らによって学校を守る運動が起き、紛争化した。その経緯から、障害となる学校と地域の関係をあらかじめ分断しておくために、「通学区域の弾力化」が利用されたのではないか、と推測される。また、「通学区域の弾力化」導入直後、区が将来の統廃合対象として区報に名前を挙げた小学校は、地域で廃校の噂が起き、その翌年、入学者を激減させた。このように、学校選択と学校統廃合とをリンクさせる手法は、すでに足立区のケースに始まっていたと考えられる。

その後、二〇〇〇年、「教育改革国民会議」の「提言」の一つとして学校選択制が挙げられ、品川区小学校での選択制導入、そして、〇一年三月の「学校選択拡大」の閣議決定、一二月の「総合規制改革会議――規制改革の推進に関する第一次答申」における「学校選択制度の導入推進」の提案により、学校選択制は「教育改革」の中の一つの流れとなり、首都圏を中心に次々と導入が開始されていく。学校選択制のみならず、都立高校の大規模な再編、学力テストや教員評価の導入、社会的統合のためのナショナリズムの強調などの「改革」も東京都で突出して進展した。東京都においては、グローバリズム経済のもと、国際経済競争に勝ちぬくため、多国籍企業、情報・サービス集約型の分野への産業構造の転換、それに寄与する人材養成にむけた教育制度の再編がめざされたために、新自由主義教育改革がいち早く進められたと考えられる。

その中で、品川区のみは当初から「学校選択を導入しても統廃合は行なわない」ことを宣言していた。しかし、これは逆に学校選択と学校統廃合が結びついて機能することが、当時すでに意識されていた事実を反映していると言えよう。区は、住民の統廃合への不安を払拭する必要があったと考えられる。ただし、公教育の序列化、という視点から見ると、この後、品川区は特定の小学校と中学校の施設を合併させ、重点的に予算を配分した小中一貫校の施策を進めていく。この「小中一貫教育」は、従来の「六・三制」を「四・三・二制」へと変更した受験対応色の強いカリキュラムからなる。また、他の小学校がブロック内選択であるのに対し、小中一貫校のみは全区から子どもを募集する言わば「エリート校」になることが予想される。統廃合という小規模校の切り捨てより先に、「エリート校」の充実が優先されたといえよう。

東京都全体を見ると、〇二年、「義務教育改革に関わる都と区市町村の連絡協議会」が結成され、基本方針で、教育内容の改善などとともに「学校の適正規模・適正配置の検討」が取組みの一つにあげられている。そこでは、「適正規模・適正配置を確保するための学校統廃合の実施は、十分には進んでいるとはいえない状況」にあるとされる。すなわち、都内で、全学年が単学級である小学校は、区部で一一校、市町村部では五四校、中学校は区部で一〇校、市町村部で二二校存在し、しかも「これらの学校の多くは、一学級の平均が二〇人前後」なのである。学校選択制の拡大もこのような小規模校の出現と関係している。そして「児童・生徒の社会性や自律性を養う、という視点から、このような状況は改善していく必要」がある、と報告書は述べる。単学級構成の小規模校は、統廃合対象になって当然とされているのである。これによって都レベルでの統廃合推進の方向性が明確に示され、すでに一部の区レベルで先行されていた統廃合計画が、後発の自治体に波及していくきっかけとなったと考えられる。

2　適正規模・最低基準はどこから

行政が小規模校を廃校したい際に、「社会性が育たない」「競争がない」「人間関係が固定化する」「クラブ活動が十分に行なえない」など、教育に関わる根拠をあげて保護者を説得しようとすることはしばしば見られる。**表1**を見ると、多くの自治体が審議会などの検討を経て「一二〜一八学級」を適正規模と定めていることがわかる。それらは、国の法令である学校教育法施行規則（小学校第一七条、中学校五五条）および義務教育費国庫負担法施行令（第三条）を根拠として導き出されている。しかし、これはもともと、子どもの実態や教育学的な見地から検討されたものではない。

若林敬子の『学校統廃合の社会学的研究』（御茶の水書房、一九九九年）によれば、市町村合併政策と結びついた統廃合政策、そこから導き出された学校の「適正規模」についての見解は以下のようなものである。日本における学校統廃合政策は、一九五〇年代以降の市町村合併政策と密接な関係を持って推進されてきた。五三年の「市町村建設促進法」および五五年の「新市町村建設促進法」のもとで、急激な市町村合併が行なわれ、全国で一万あまりあった自治体の数が三千にまで減少した。国は、市町村合併によって行財政の合理化をめざすことを名目に、地域の大規模な再編を行なったのである。

その際、学校統廃合が合併の誘導政策として利用された。「新市町村建設促進法」では、「小学校及び中学校の統合等（第八条）」についての事項と、その裏づけとなる、補助金の交付、優先的な財政援助、地方債の財源許可、などの優遇措置が明記された。

直後の、五六年の中央教育審議会答申「学校統廃合の基本方針と基準」と、それに基づいて出された、文部省次官通達「公立小・中学校の統合政策について」は、学校統廃合を強力に推進する内容のものであった。義務教育諸学校施設国庫負担法によって、市町村が合併して学校統廃合を行い、新校舎を建築した場合、もしくは増築した場合、国の財政補助率を二分の一（危険・老朽化した校舎の場合は三分の一であるのに対し）に引き上げることが定められた。政府、文部省は、小さな自治体にとって大きな負担である校舎建築費を手段に財政誘導することによって、自治体の合併をうながしたのである。その背景には、住民のそれまでの生活圏とは異なる新しい行政圏の統合のシンボル、としての学校を置く、という意図もある。

そこでは、八〇〇〇人程度の住民に一校の中学校があることが効率的であるとされた。それを基礎に算出された、五六年通達が示した望ましい学校の「基準」こそが、「一二～一八学級、通学距離は小学校四キロ、中学校六キロを限度とする」という内容だったのである。二年後の五八年、学校教育法施行規則一七条は全面改正され、法律上の適正規模も「一二～一八学級」とされた。つまり、「適正規模」は、自治体の行政効率性から導き出された数字だったのである。

さらに、地方の過疎が進んだ七〇年の「過疎地対策緊急措置法」では、学校統廃合した場合の国庫負担率は三分の二にまで引き上げられ、過疎地域のより多くの学校統廃合を生み出した。反対する住民の紛争が多発したため、七三年、文部省は、無理な統廃合は避け、「小規模校として存置し充実するほうが望ましい場合もある」とするいわゆる「Uターン通達」を出し、ようやく、それまでの統廃合推進政策を転換するに到ったのである。

●教育学的な根拠はない

したがって、若林が指摘するように、いまだかつて日本では、教育学的な根拠のある学校の適正規模については明らかにされていない。欧米の学校、特に小学校が一般的に小規模で（例えばフランスの小学校の平均規模は九九人）、家族的であるのに比較して、日本で議論される適正規模があまりに大きくギャップがあることの背景には、このような歴史的な特殊性があるのだろう。また同じように一五〇人といった最低基準にも教育学的な根拠はない。

例外的に「適正規模」について良心的に検討しようと試みた区もあった。九七年、革新区政だった中野区は少子化の中、研究者、教職員組合代表、住民代表など三〇数人からなる「適正規模・適正配置審議会」を結成し、三年間の審議の結果、「望ましい学校規模は一概には言えない」、「小・中六学級（学年一〇人以下）

および、児童・生徒数推計（09 年度）比較

新潟大学教育人間科学部比較教育学ゼミ作成（2004 年 12 月 18 日）

児童・生徒数								
	04 年度			09 年度推計			増減率	
総数	児童数	生徒数	総数	児童数	生徒数	総数	00 → 04	04 → 09
474,595	337,426	130,412	467,838	351,050	136,332	487,382	△ 1.4	4.2
3,650	2,789	1,083	3,872	3,478	1,396	4,874	6.1	25.9
5,580	4,327	1,381	5,708	4,944	1,434	6,378	2.3	11.7
7,331	5,475	1,653	7,128	6,122	1,671	7,793	△ 2.8	9.3
11,909	7,989	3,065	11,054	8,109	2,959	11,068	△ 7.2	0.1
9,269	6,621	2,234	8,855	7,111	2,262	9,373	△ 4.5	5.8
9,617	6,285	2,502	8,787	6,632	2,265	8,897	△ 8.6	1.3
12,668	8,853	3,701	12,554	9,579	3,968	13,547	△ 0.9	7.9
23,152	16,020	6,653	22,673	18,717	7,054	25,771	△ 2.1	13.7
16,910	11,167	4,497	15,664	11,859	4,554	16,413	△ 7.4	4.8
11,309	8,340	2,867	11,207	8,752	2,959	11,711	△ 0.9	4.5
38,343	27,765	10,562	38,327	28,711	11,016	39,727	△ 0.0	3.7
39,315	29,291	9,807	39,098	31,524	10,813	42,337	△ 0.6	8.3
7,147	4,989	1,707	6,696	5,490	1,687	7,177	△ 6.3	7.2
14,286	9,540	3,683	13,223	9,538	3,665	13,203	△ 7.4	△ 0.2
24,960	17,273	6,493	23,766	17,279	6,607	23,886	△ 4.8	0.5
10,430	6,833	2,643	9,476	6,494	2,510	9,004	△ 9.1	△ 5.0
18,028	11,229	4,779	16,008	11,645	4,401	16,046	△ 11.2	0.2
9,612	7,059	2,818	9,877	7,685	3,045	10,730	2.8	8.6
31,687	21,812	9,009	30,821	22,059	9,159	31,218	△ 2.7	1.3
45,985	33,366	12,954	46,320	33,869	13,633	47,502	0.7	2.6
46,624	32,846	13,932	46,778	32,436	14,654	47,090	0.3	0.7
29,906	20,963	8,737	29,700	20,708	9,043	29,751	△ 0.7	0.2
46,877	36,594	13,652	50,246	38,309	15,577	53,886	7.2	7.2

「平成 12 年度、16 年度 公立学校統計調査（学校調査編）」および、「平成 16 年度 教育人口等推計の概要（速報値）（東京都公立小学校児童数・公立中学校生徒数）」より作成。

表2　東京都区部における学校数、児童・生徒数の推移（00年度・04年度）

地域	人口（人）	面積（㎢）	学校数					
			小学校		中学校		00年度	
			00年度	04年度	00年度	04年度	児童数	生徒数
区部	8,345,183	621.45	898	870	422	411	330,180	144,415
千代田区	38,470	11.64	8	8	5	5	2,411	1,239
中央区	84,282	10.15	16	16	4	4	3,964	1,616
港区	169,390	20.34	20	19	11	10	5,332	1,999
新宿区	298,085	18.23	31	30	14	13	8,406	3,503
文京区	181,931	11.31	20	20	11	11	6,587	2,682
台東区	163,085	10.08	24	20	10	7	6,571	3,046
墨田区	222,467	13.75	30	28	12	12	8,645	4,023
江東区	402,888	39.44	45	43	23	22	15,446	7,706
品川区	334,148	22.72	40	40	18	18	11,289	5,621
目黒区	255,377	14.70	22	22	12	12	7,984	3,325
大田区	662,507	59.46	63	61	28	28	26,743	11,600
世田谷区	831,125	58.08	64	64	32	31	28,109	11,206
渋谷区	201,842	15.11	20	20	8	8	5,038	2,109
中野区	312,577	15.59	29	29	14	14	9,941	4,345
杉並区	529,687	34.02	44	44	23	23	17,472	7,488
豊島区	251,585	13.01	28	24	12	10	7,214	3,216
北区	326,614	20.59	44	40	20	20	12,095	5,933
荒川区	186,550	10.20	24	23	11	10	6,835	2,777
板橋区	525,098	32.17	57	55	24	24	21,724	9,963
練馬区	676,996	48.16	69	69	34	34	32,170	13,815
足立区	622,949	53.20	76	73	39	38	32,293	14,331
葛飾区	426,857	34.84	52	49	24	24	20,766	9,140
江戸川区	640,673	49.86	72	73	33	33	33,145	13,732

を『最小規模』として認める」「統廃合の緊急性はない」という、他区にくらべてきわめて慎重な内容の答申を出した。しかし、その直後に、教育委員会事務局メンバー数名からなる「プロジェクトチーム」が、答申を否定する内容の報告を出した。さらに、〇四年、神山区政が終わり、新区長のもと、「望ましい学校規模は小・一八学級、中・一五学級程度」「最小規模は小・各学年二学級を下回らず、中・三学級を下回らず」という前の内容と全く異なる基準が出され、大規模な統廃合計画が公表されていくのである（菊池恒美、二〇〇四年一二月一九日「小さくてもきらりと輝く学校フォーラム」での報告、参照）。このように、どのような規模の学校が子どもの発達、学習にとって最善なのか、といった研究による根拠がないために、時の政治勢力次第で「適正規模」が都合よく変えられるのが現状である。

●今後増加に転じる東京都の児童・生徒数

また、多くの自治体で「少子化」が、錦の御旗のようにいわれるが、東京都では、今後、児童・生徒数は単純に減っていくわけではない。**表2**で、「東京都区部における学校数、児童・生徒数の推移（〇〇年度・〇四年度）および、児童・生徒数推計（〇九年度）比較」を見ると、確かに、二〇〇〇年度から〇四年度まで、児童・生徒数はほとんどの区で減少している。減少率が上位の北区（一一・二％減）、豊島区（九・一％減）、台東区（八・六％減）では、それぞれ最多の四校の廃校が行なわれている。

しかし、〇四年度から〇九年度まで今後五年間の予測を見ると、中野区と豊島区以外のすべての区で、児童・生徒数はプラスに転じるのである。特に、大規模な再開発事業が行なわれている千代田区（二五・九％増）、江東区（一三・七％増）、中央区（一一・七％増）、港区（九・三％増）では、児童・生徒数は大幅に増加することが予想される。さらに、一部の区では、ファミリー層の都心回帰現象が起こり、児童・生徒数増につながっているとされる。すでに、荒川区などでは、かつて人口減を予想して統廃合した後になって再開発事業によって人口が増え始め、中学校がパンク状態になっているケースも見られるようになっている。

近年の首都圏の人口増加について、進藤兵は次のような分析をしている。一九九五〜二〇〇〇年の全国統計で、全国の平均人口増加率が約一％、二四道県が人口減になっている中、東京都の人口は二・五％増となっている。そして、この間、人口が増加している自治体は、主に、東京都・首都圏および愛知県近郊の自治体に集中している。これは「経済グローバリズム」の中で「高度成長期とは異なる国土再編」、すなわち首都圏と愛知県――トヨタ自動車の本社のある県――への二極集中と「それ以外」、という図式が九〇年代後半から進んでいることの地域的な現れ、であるとする。だとしたら、東京都の児童・生徒数の増加傾向は決して一過的なものとは言えないだろう（進藤兵・大門正克「農村と都市の変貌」、後藤道夫編『岐路に立つ日本』、吉川弘文館、二〇〇四年）。

特に、東京都の場合、公的な都市計画が貧困で、産業構造の転換の進度や、民間企業の住宅開発に委ねられている部分が大きいために、将来の人口予測が難しく一部で急激な人口増が出現しうるのであろう。将来的な児童・生徒数の変化を正確に予想することもきわめて難しいといえよう。

3　学校が地域で果たす役割

●災害避難拠点として

学校は、子どもにとっての教育の場であるだけでなく、多用な機能を果たしている。例えば、災害時の避難拠点として、地域の公立学校の持つ意味は大きい。被災した数百人規模の住民が宿泊でき、給食施設を利用した炊き出しが可能であり、避難物資の配給の拠点ともなりうる既存の施設は、学校以外になかなか見つからない。避難所を新設するコストを考えると、学校は最も効率的な避難拠点となるだろう。

新潟大学が行なった「二〇〇四年新潟県中越地震調査」における、世取山洋介の「学校の避難所としての機能について（第一次調査報告、〇四年一一月、http://geo.sc.niigata-u.ac.jp/~earthquake）」に基づく報告レジュメ（〇五年三月一三日、於「小さくてもきらりと輝く学校フォーラム」）によれば、新潟中越地震の際、特に、これまで大規模な学校統廃合が行なわれてきた小千谷市において、地域の避難所としての公立学校が機能しない、という事態が生じたという。

隣接する長岡市では、市街地及び集落のそれぞれの公立学校に二〇〇～三〇〇人の住民が避難するケースが多く、避難拠点としての機能を果たした。ちなみに、世取山は、地域に三〇〇人以下が避難できる公立学校が点在するのが、避難所のありかたとしてベストであると指摘する。

一方で、小千谷市では、もともと絶対的に学校数が少なく、さらに数少ない学校の体育館が倒壊したため、巨大な市の体育館などが避難所に指定された。しかし、多人数を収容する避難所に対する不安やそのサービスの悪さなどから、グラウンドや空き地への車中泊やビニルハウスへの避難を選択した住民が多かったという。あるいは南部の山間部では住民が自主的に廃校跡に避難したケースさえも生じたという。

新潟大学教育人間科学部比較教育研究室の分析によると、小千谷市の歴史を見ると、市街地では、五〇年代の市町村合併に伴う学校統廃合で、五校が一校（小千谷小学校）に統合されるという、大規模な学校統廃合が行なわれた。その結果、千人以上の大規模校が出現した。また山間部では、道路の舗装整備が急速に進み、通学可能圏が拡大したことを背景に、今日にいたるまで、つぎつぎと統廃合がくりかえされてきたという。

そもそも、行政側に地域の公立学校を避難拠点にする、という発想が見られず、学校を中心とした避難訓練なども行なわれてこなかったという。そのような都市計画の不備が、たまたま大地震が起きたために露呈してしまったものであるといえよう。都市のスペースに余裕がある新潟県に比較して、さらに大都市部では一層、地域の避難拠点としての公立学校の重要性は大きいと調査報告は予測している。

一方で、最近、首都圏で、校舎の耐震構造の問題が統廃合理由の一つに挙げられるケースも見られる。行政が調査した結果、老朽化した校舎の耐震構造に問題があることがわかったが、補強工事や改築工事では対応しきれないので、早急に使用を中止し他校に統合する、というのである。震災に対する保護者や住民の危機意識にうったえたものといえよう。しかし、建築物の耐震構造については、判断が難しい。しばしば、行政にとって都合よい結果が使われがちである。

杉並区では、統廃合の一つの理由としてそのような点をあげた行政に対し、保護者が不信感を抱いた。そこで、専門家に問い合わせ検討した結果、実は耐震構造の不備といわれたものが科学的な根拠に欠けることがわかり、再調査をさせることになった。

今後、「学校の避難所として機能」という論点は、給食の自校方式の維持および、給食民間委託への反対の運動などと連動して、さらに重要になっていくことが予想される。自校方式で、地域の人たちが給食調理員として勤務していることによって、被災した直後から学校給食室を使った炊き出しが可能になるのである。ちなみに、給食のセンター一括方式を推進した神戸市では、阪神淡路大震災時に、学校給食室を使った炊き出しが十分にできなかったことを安達智則は指摘する。これも、都市計画の不備が災害時に露呈したケースといえよう。

●子どもにとって地域の学校のもつ意味とは

地域の学校の存続に関わる統廃合については、住民参加が保障された行政による長期的な都市計画や、保護者や住民の子育てや町づくりの展望のもとに、行政と住民が慎重に交渉していく中で考えていくべき問題であろう。

地域の学校が子どもにとってどのような価値を持っているのか、について考えられなければならない。同時に、統廃合が、実際に子ども達にとってどのような影響を与えるのか、教育学や発達心理学の視点から検討していくことが求められるであろう。例えば、統廃合に伴う、通学距離の延長による子どもの負担増、あるいは通学の安全保障といった問題は、しばしば指摘されてきた。しかし、統廃合によって、生活圏に基づいた一つの集団が解体され、より大きな、それまでの生活圏とは異なる集団に統合されることが、子どもにとってどのような影響をもたらすのか、といった視点からの調査、研究は十分に行なわれてこなかった。また子どもの発達段階にとって、ふさわしい学級規模や学校規模について研究の成果が社会的に共有されていく必要があるだろう。第3章V草刈論文では、地域コミュニティの基盤が弱いベッドタウンでの統廃合によって子どもの「荒れ」が生まれたケースが紹介される。また、子どもが根無し草（デラシネ）になることなく成長していく基盤としての地域の持つ意味、学校が地域に果たす役割については、第2章田中論文が示唆している。

私立中学受験が多く見られる首都圏において、子どもが早くから地域と切り離され、グローバル化された国際社会の中で競争に勝ちぬくことを一つの目標としていくような教育への対抗軸として、地域に根ざした教育が存在するのではないだろうか。

荒川区の第二日暮里小学校（通称、二日《にっち》小）は、二〇〇三年、学校選択導入後、廃校の噂の中で、いったんは入学者がゼロになった。区内の別の小学校は、二年連続して入学者がゼロになり廃校に追い込まれていた。創立九〇年を超える二日小では、同窓会やＰＴＡが学校につめかけ、教職員とともに話し合い「絶対に学校はつぶさない」「新入生を集める」ことを合意事項にして、共同して存続のためのさまざまな取り組みをおこなっていく。そこに見られるのは、教育の「市場原理」すなわち学校間の競争による教育の質の向上、といったものではなく、「地域の教育力」が学校を守った姿であった。その経緯について、くわしくは第3章Ⅱ小林論文による。この学区は、伝統的な産業である生地問屋街にあり、以前から学校と地域が良好な関係を持ってきた。そして、学校の危機に直面して、保護者だけでなく、同窓会、地域住民、生地問屋組合、商店会などさまざまな層が立ちあがった。この地域コミュニティにとって学校を失うことは考えられないことだったのである。同様に、保守、革新を超えた地域の運動が組織され統廃合を阻止し得たケースについて、第3章Ⅰ市村論文で紹介される。

「学校選択」や「学力」向上など、それぞれのパーツは一見甘口にみえて保護者は反対しにくいが、新自由主義教育改革は、個々の子どもや保護者をばらばらに分断していく。それに対して、子育てや教育は、実は、共同で行なう社会的な営みなのだと、地域とは、子どもの成長、発達にとって欠かせないファクターなのだと、そして、おそらく地域にとっても、次世代の子どもを育てていく機能を失うことは致命的なのだということを、学校統廃合に反対する運動は鮮烈にしめしているといえよう。そういった意味で、統廃合反対運動は新自由主義教育改革への一つの強力な対抗軸になるであろう。

第2章　なぜ地域に学校が必要か

都留文科大学　田中 孝彦

ここには、小・中学校の統廃合の問題に直面して、それを何とかしたいとお考えの方々がお集まりです。皆さんは、強引に進められようとしている統廃合の動きにどんな根拠があるのか疑い、それをくいとめようとしている自分たちの行動にどんな根拠があると言えるのか深く考えようとされています。皆さんの疑いや問いは根本的であって、そう簡単に答えられるようなものではありませんが、それと関わっていくつかのことをお話しさせてもらいます。

●学校が無くなった地域の寂しさ

私は、一九九五年から二〇〇三年までの八年、北海道大学で働きました。その間、時間が空くと、車で北海道のあちこちを走っていました。

あるとき、札幌から石狩湾に沿って少し北上したところに、濃昼《ごきびる》というびっくりするような名前の小さな集落があったので立ち寄ってみました。すると、そこには廃校になった小・中学校が、校舎の解体もされず校庭の手入れもされないままに放置されていました。その場に立った時、使われなくなった学校、学校という子育て・教育の大事な施設を包摂し得なくなった集落の何とも言えない寂しさが身体に染み込んできて、思わず身震いしたことを覚えています。

こういう経験もあって、私は、学校の統廃合という問題が、教育のあり方に直接関わる問題であり、同時に人々の暮らし方、地域のあり方の根本に関わる問題であると考えているわけです。

●地域で生きていきたいと考えている子どもたち

私自身は、この一〇年、できるだけ子どもたちの傍に身をおいて、彼らが自己と世界について感じ考えていることを聴きとり、そこから子育てや教育を考え直す試みを続けてきました。その中で、一人の女子高校生が語ってくれた「人生イメージ」を紹介してみたいと思います。北海道の檜山の上ノ国《かみのくに》町に住む、当時高校二年生であった女子生徒の語りです。

この地域では、漁業・林業・農業を主たる産業としてきたのですが、長年にわたる第一次産業切り捨て政策の下で、多くの家庭がそれだけでは生計をたてられなくなって、父親が長期の出稼ぎに出ざるを得なくなっています。彼女の父親も、家に帰ってくるのは盆と正月くらいということでした。彼女は、遠く離れて働いている父親のことを心配しながら、父親との関係がギクシャクしていることを語りました。

「一歩まちがったら命が危ないから、できたら家族が心配しないですむ仕事についてほしかったなと思う。」「お父さんが普段いないから、甘え方が分からないんですよ。たまに会うと、どうやって接したらいいか、何を話せばいいのかと考えちゃって、……ほとんど会話は成り立たない。」「これからどうしたいという進路のことや就職のことを話すと喧嘩になる。函館や札幌に行きたいんだけどと言うと、『上ノ国に残ればいいしょ』という感じで。」

また、彼女は、友だち関係に緊張を感じながら生きていることを、「私にはけっこう弱い部分があるんです。いじめられていたことがあったから、自分の意見を言うんだけど、すぐに引いちゃうところとか。中学のとき統合したばっかりだったから、生徒の人数が急に多くなって、……友だち関係も、見たことのない人たちがいっぱいいて、つらい時があった」と語りました。

このように彼女は、家族の困難や、友だち関係の緊張を背負って生きていました。しかし、もう一方で、地域の自然や人間関係への強い愛着を感じていて、それを次のように語っていました。「海と山があって、自然が多い。ほとんどの人が知り合いで、助け合いとかしていて、住みやすいところだと思います。……私はここに生まれ育って、いろいろ気にかけてもらってきた。ここに生まれてよかったなあと思っています。」

上ノ国は、過疎化が進行して、一つの生活圏として存続し得るか否かというところまできていますが、そこで暮らそうと決断した限りはできるだけ支え合っていこう、子育てについても出来る限り協力しようという人々の自発的な動きが、比較的活発に展開されている地域です。私は、彼女の話を聞いて、そうしたおとなの動きが、子どもたちにとっては安心の大きな材料になっているということをあらためて知らされました。

このように、彼女は、安心と心配が複雑に入り交じる生活感情を抱いていたわけです。そのなかで、彼女は、「競争」について疑いをいだいていることを、「変かもしれないけど、競争して何か意味があるのかなあと思うんですよ。その先に何があるのかなあって。競争しないで、力を合わせていけば何とかなるんじゃないかなあ」と語りました。また、「いい学校」を判断する基準について、「偏差値がいいからといって、その学校がいいということはない。偏差値が悪くても、のんびりしていて友だちと話ができる、そういう学校がいい学校と思います。進学するとき、函館の高校を受けようかと思ったけれど、そう考えて最後に上ノ国高校を自分で選んだんです」とも語っていました。

彼女は、将来は看護婦になりたいと考えていました。「お父さんもお母さんも看護婦になってほしいといっています。やっぱり人の命を助けたいと思うんです。困っている人がいたら助けてあげたいし……。そういうのを見ていると、変だと言われるけれど、かわいそうになってきて、少しでも心の支えになれたらなあとか、なってあげたいなあとか」。しかし、最後に、彼女は、「そう思うんだけど、心配なのは、ここには就職する場所がないということ。もっと就職先が増えたら残れるのになあという気がします。ここで就職して、ここで住んでいけたらいいけど、それは無理で、やっぱり離れないといけないのかなあという感じがしています」と語っていました。

その後、私は、二〇〇二年に札幌で同様の聴きとりをしました。また、今、山梨県都留の地域で、同様の調査の準備をしているところです。まだ聴きとった子どもの数がそれほど多くなく、調査した地域も二つですから、断定的なことは言えません。が、私は、紹介した女子生徒のように、生まれ育った地域で、結んできた人間関係を大切にして、その人たちに少しでも役立つ仕事に就いて、普通の幸福を得て生きていきたいと考える子どもたちが増えてきていると判断しています。

●子ども観・幸福感を問い直すおとなたち

私は、こうした子どもたちの語りを記録して、上ノ国の住民・教職員・援助者らおとなの人たちに読んでもらってきました。おとなの側からは二つの反応がありました。

一つは、「競争」に参加したくないという子どもたちの状態は大変心配である、子どもたちがこの地域で仕事をみつけて生きていくことはほとんど不可能で、どこかへ出て生きていかねばならないから、子どもたちにはある程度は「競争」に参加するようにさせ、どこへ行っても通用する「学力」を身につけさせねばならないのではないかという意見でした。

もう一つは、今の社会を見ていると競争に参加して「勝者」になったからといって幸福が待っているとは言えない、子どもたちはそうした現実を感じながら、「競争の先に何があるの？」と疑い、競争的な価値観に代わる新しい価値観を探っているのではないか、子どもたちの問いを一緒に考えていくという対応こそ重要ではないかという意見でした。

聴きとった子どもたちの声を地域のおとなたちに返すと、このように二つの反応が出てきて、激しいやりとりになることもありました。そのやりとりを聞いていると、一方に第一の意見の人がいて、他方に第二の意見の人がいるというだけではなく、おおかたの人々の間に、二つの意見が複雑に入り組んで同居しているということがわかってくる場合がしばしばでした。生まれ育った地域で生きていきたいと考えている子どもたちを、「競争にも参加できない弱者」とみるか、それとも「競争に替わる新しい価値観」を模索している存在とみるのか。こういうおとなたちの論議に立ち会って、私は、今、社会とおとなの側の価値観や幸福感が問われているように感じてきました。

●生活圏としての地域の重要性

生まれ育った地域で、結んできた人間関係を大切にして、その人たちに少しでも役立つ仕事をして生きていきたい。そういう子どもたちの声は、今、人間として生き成長し自立していく上で、自分が深く根を下ろすことのできる生活圏として地域が存在することの重要性を、あらためて示しているような気がします。それを子どもたちが切実に求めていると私は感じています。

人間研究や発達研究の中で広く使われてきた言葉に、デラシネ（déraciné、フランス語、「根無し草」「故郷を喪失した人」の意）やアプルーテッド（up-rooted、「根こそぎ引き抜かれた」の意）という言葉があります。これは、現代人の生活に現れている不安定とその根っこにあるものを象徴的に示す言葉として、広く共通に用いられてきました。「根を下ろす」ことが出来る生活圏・地域を取り戻そうとすること。それは、失われた過去を懐かしんだり、古き良き昔に戻ろうとするだけの保守的な関心ではなく、実は、今日の人間形成と教育を考える場合の根本的な課題にかかわる関心なのだと私は考えています。今の子どもたちの不安定な姿の根底には、この何十年もかかって日本社会の中に広がってきた「根無し草」「根扱《ねこそ》ぎ」状況が明らかにあると思うのです。

このように考えると、私たちは私たちの内部に常識のように浸透している自立観や学力観を、私たち自身が吟味し直すということも課題となります。たとえば、自立という言葉には、故郷を離れ、家族を捨てて自立するというイメージがつきまとっていますね。高度経済成長の終焉の頃までは実際にそうだったんじゃないでしょうか。また、学力という言葉には、生活綴方教師たちが指摘してきたように、日本の公教育で主に育てられた学力は「村を捨てる学力」であり、学力が高くなれば庶民の村から出て行って、支配の側に入り込む、そういう意味合いが強かった。そういう学力観を見直すということも、検討すべき問題として浮上してきます。

●地域に根ざすことは、世界の学校改革の動き

去年、私はフィンランドの北極圏に近いカヤーニという町を訪れました。それは三万人足らずの町で、住民たちは、効率の名のもとに地域を破壊しかねないグローバリゼイションや新自由主義の波に抗しながら、その地域に伝統的な林業や木工業や製紙業を守り、アスベストを含まない新しい建設材の製造を起こすなど、地域と生活を守る努力を新しく展開していました。そして、私たちが訪ねたカヤーニの教員養成大学では、地域に生まれて育って、地域で一生を終えていく、そういう子どもたちが人生の途上で直面する問題や課題

をリアルに感じとって、子どもたちの成長を支える教育実践を構想できるような教養と能力を育てることを、教師養成の課題にしようとしていました。

また、私は、つい先日、カナダのトロントの小さな小学校と中学校を兼ねた学校を訪問しました。あるカナダの新聞は、その学校のことを次のように書いていました。「生徒がじっと座ってスペルのドリルを繰返していて、全員が胃が痛くなってしまっているような、『ファーストフード』のような学校が多い。しかし、この学校では、子どもたちが自分の足で歩き、黒板に自分の意見を書き、関心のある街の開発計画などについて学習している。ここにあるのは『スロー・スクーリング』である」。その記事は、この学校を「あわてず育っていく子の良さを見直す学校」と特徴づけ、どちらがこれからの学校の本流になっていくべきだろうかと問いかけていました。

私は、その学校の校長から話を聴いたのですが、彼女はこういうことを言っていました。「子どもを診断するテストやアセスメントはたくさんある。子どもに対応するプログラムも数多く開発され、流通している。テストやプログラムを使っていれば、教師の仕事がすんでしまう状況もある。しかし、学校と教師の仕事には、それだけに解消してしまわないものがある。それは、子どもを全体的に深く理解することであり、子どもは、教師に深く理解されるなかで、世界と自分を深く理解しながら育っていく。つまり、子どもを深く全体的に理解する（understanding children deeply and totally）ということが、私たちの課題である」。私には、「スロー・スクーリング」という言葉と同様に、この校長の「子どもを深く全体的に理解する」という言葉が印象的でした。

子どもが深く根を下ろせる地域を創ること。その中に、子どもが深く理解され、子ども自身が自分と世界を深く理解していく、そういう学校を創ること。こうした動きが、世界のあちこちから生まれてきています。

それは、現代の本質的な動きであるように思えます。

●エリートを育てる本質的条件

東京などで今起きている小・中学校の統廃合の動きの背景には、世界的な規模での「大競争時代」に役立つエリートを効率的に育てたい、そのために早期にエリート候補者を「その他大勢」から選り分けたいという要求があります。これは支配層からくり返し出てくる根深い要求ですが、私は、こういう発想ではまともなエリートを育てることもできないと思います。

例えば医学部へ「受験学力」が相対的に高い学生が入学しています。彼らは、教育・訓練を受けて医者になり、検査結果のデータと診断マニュアルを眺めて……、といったように医療行為を行なっているわけです。しかし、今日、多くの人々が感じているように、患者そのものに人間として正面から向き合わずに、疾患を抱えて生きている患者の生活と生活史の全体に関心を向けないままに、医療行為を展開している医者たちの姿が大きな問題になってきています。

私が大きな刺激を受けてきた本の一冊に、医療人類学の開拓者として知られるA・クライマンの『病の語り』があります。彼は、この本のなかで、「学力」は高いけれども、患者の生活史に関心が持てず、患者に人間としての敬意を払えないような医者のあり方を問い直さなければならない、そうした医者を大量に作り出している医学教育を問い直されねばならないと言っています。そして、患者の生活史を丁寧に聴きとり記録し吟味し、そこから医療に求められていることを考えていくような訓練を、医学教育の初期の段階から徹底して重視する必要があると言っています。

この本をエリート養成論として読んでみますと、クラインマンは、ある人間を、その時代の普通の人々の暮らしから切り離してしまって、早くから部分的な有能性を訓練しようというやり方は、エリート教育として成功しないと言っているわけです。これは、非常に単純ですが、極めて本質的な指摘ではないでしょうか。本来、エリートというものは、普通の庶民から、この人なら自分たちの気持ちや問題を共感的に理解してくれて、自分たちの暮らしの改善や充実に役立ってくれそうだと信頼されなければならないはずです。そのようなエリートは、普通の人々の暮らしの中から、普通の人々によってそれと承認されながら、普通の人々によってじっくり育てられていくものであって、「その他大勢」から切り離して効率的に育てようということしか考えないエリート教育論は、根本的な欠陥を抱えていると言わざるを得ないと思います。

時間の制約もあって不十分でしたが、いくつかのことをお話しさせてもらいました。それらを総合すると、子どもの生活圏・地域の内部に、子どもが深く理解され、その下で子どもが世界と自己を深く理解しながら育っていけるような学校が、今日の集まりのテーマで言えば「小さくてもきらりと輝く」ような学校が存在することが、子どもたちにとって、そして私たちにとってどうしても必要だということになると思います。

【二〇〇四年一二月一九日「学校統廃合に負けない！　小さくてもきらりと輝く学校フォーラム」での講演より】

第3章　学校統廃合に負けない！——現場からの報告

Ⅰ　大規模な学校統廃合計画を白紙撤回——荒川区

元荒川九中統廃合問題を考える会　市村由喜子

●二世代が同じ中学校に通う町荒川区

荒川区内を歩くと、狭い裏通りに、たくさんの飲み屋を見つけて驚くことがある。密集する家々の間からは夕暮れに浮かび上がる赤提灯。「昔、荒川は職人や工場労働者、商人の町だった。日が暮れて飲み屋に駆け込むのが何よりも楽しみ」と近所の年寄りから聞いてなるほどと思った。今では、大工場の多くは移転し、また職人の姿もめっきり少なくなった。けれど、こうして赤提灯の光が今でも鮮やかなのは、この町で、店や工場を守っている人々が輝いているからに違いない。

「荒川の子らは、のびのびして、穏やかな子が多い。親と同じ中学校を卒業して、技士の免許がとれたと誇らしげに報告に来てくれる。地元で親の仕事を継いで懸命に生きている子どもら」と区内中学校の教員が目を細める。年寄りや教員の話には地域の姿が映し出されて、ふるさとが顔を出す。墨田川が蛇行する町荒川区。一九万人がひしめき合う。都心に近いため、マンションの建設ラッシュが続く。

●荒川区の学校統廃合問題はこうして始まった

二〇〇〇年一〇月三一日。朝刊を開くと、荒川区立小中学校統廃合計画の記事が目に飛び込んできた。息子が通う区立第九中学校の名前が出ているではないか。その日のうちに、九中ＰＴＡ副会長をつとめる私のところに、尾久地区小中学校ＰＴＡ正副会長会を招集するとの連絡が入る。区教育委員会を呼んで説明を求めるという。

翌日に開かれた緊急正副会長会は、紛糾した。じつは、二五日に荒川区ＰＴＡ連合会会長会があり、「これからの学校教育を考える」というテーマで話し合いがあった。しかし、その際同席していた区教委は、統廃合計画について会長らに話さなかったのだ。

「学校と地域との協力」と言いながらも、区教委の記者会見によって統廃合を既成事実化し、行政主導で決めようとする姿勢に怒りは噴出した。区教委の「小中学校適正配置協議会を設置し、これから検討していく段階」という弁明が虚しく響いた。

この年は、私の長男が九中に入学した時で、三年後の統廃合実施年には、次男の入学が予定されていた。

●それは、戦後最大規模の統廃合計画だった

荒川区では、一九八六年以降、小中学校の統廃合計画が進められてきた。今回は、第三次にあたり、小学校九校を四校に、中学校四校を二校にするという戦後最大規模の内容であった。緊急正副会長会後、一斉に各ＰＴＡが動き出した。私たちも、九中で区教委から保護者に説明をしてもらうことにした。その内容は、九中は母体校、相手校は第四中学校で、吸収合併の形をとるというものだった。教育環境は今以上に劣悪になることが明白になった。新聞発表から四カ月たった〇一年三月、区の「小中学校適正配置協議会」が設置

された。統廃合のあり方を検討し、九月に答申を出すという。委員会のメンバーは、町会や青少年団体、ＰＴＡ連合会からで、一般の保護者や教員は選ばれていない。これでは、保護者の声が伝わるかどうかわからなかった。

●保護者や子ども、教員は「蚊帳の外」

校長や教頭も会員であるＰＴＡで、行政が進めようとする施策に対して、どういう立場にしろ学校内で「検討をする」ことが不可能になった。統廃合問題について自由な議論をする場もなく、また関連する情報をＰＴＡ会員に伝えることもむずかしくなった。三月中旬、学校外で「九中統廃合を考える会」を組織することにした。これには、保護者や教員、近隣の住民、ＰＴＡ顧問会、同窓会やおやじの会などの関係者が集まった。他校のＰＴＡでも、別の任意団体を作り統廃合反対運動を進めざるをえない状況だった。誰もが手を取り合って学校を守るというのは夢か、と落胆することもしばしばだった。

保護者の受け止め方に温度差があった。「区教委のやり方はおかしい」「伝統は守ってほしい」「慎重な検討を」と批判的な声が強い一方で、「もう決まったことでしょう」といったあきらめ、「人数が少なくなれば、経済効率が悪いから、まとめてひとつにしたほうがいい」「小規模だと活気がない」などの声も。あるいは、「学校に子どもが人質にとられているようで」「物を言いにくい」といった感情が保護者にあることもわかった。

九中二期生三期生の高齢者の方々からは、「ぜひ孫にも通わせたいから九中を無くさないで」といった率直な願いが寄せられた。

私たちは、「統廃合が現実的にどのように進むのか」を保護者むけにシミュレーションしてみることにした。そして、会のニュースに載せて地域に配布することにした。主な内容は、次のようになった。

・資料室、柔道室、書道室やPTA室などが一般教室に変更される。
・新築は行わず、既存校舎・校庭を活用する。
・通学距離は、直線距離で最長一〇〇〇メートル。
・統合時の教員は、統合する各学校から三分の一ずつ。残りは他校から。
・統合する各学校は廃校となる。
・学校名、制服、校歌や校章等は、新しくなる。
・三年後の九中五〇周年行事がちょうど廃校時と重なる。

有名なサトウハチロー作曲の九中校歌がなくなることは、顧問や同窓会など関係者の愛校心に強く訴えかけることになったし、PTAにとってもPTA室がなくなることは困ることであった。しかし、なによりも、子どもや教員にかかる負担の重さに戸惑いと不安がひろがった。また、九中には通常学級の他に、不登校の子どもたちを対象にしたオープン学級や五〇年近い歴史を持つ夜間学級がある。夜間学級は、山田洋次監督の映画「学校Ⅰ」(一九九三年)の舞台にもなり有名だ。これらの教育機関が統廃合の実施によってどうなるのか、明確にはされなかった。こうして、統廃合のメリットなど見つけることもできず、子どもらを犠牲にしていったいなんのための統廃合か、怒りと疑問が深まった。すでに「適正規模」にある九中が現場に負担をかけてまで、母体校として他校を吸収し合併する論理は、住民にとって馴染まなかった。

町会や個人のよびかけが幅広く行われ、地域で九中を守ろうという機運が高まった。この時期、区内の各地域で「七中統合問題協議会」「七中を存続させる保護者協議会」「荒川四中存続協議会」などが結成され、保護者を中心に、町会など地域諸団体が統廃合反対に大きく動いた。連日連夜会合があり、文書やニュースが発行されて、地響きのような運動になっていった。そして、各団体から陳情書が幾種類も議会に出された。

ちょうど五月に区長選挙が行われた。前区長の支持基盤でも「凍結」を強く求める声が広がり、前区長は、保守系ながら見直しを約束せざるをえなかった。そして前区長の当選によって、七月には区から統廃合計画の白紙撤回が発表された。

●「廃校」の危機からの復活

「統廃合計画」の報道、〇二年には、あらたに始まった学校選択の自由化、〇三年、区内一斉学力テスト公表による成績ランキングなどが影響し、入学者が減り「廃校」の危機をむかえた学校もある。しかし、それを乗り越え「復活」し、活性化している学校も出始めている。

例えば、第四中学校は、九中が吸収合併する対象校だった。統廃合計画発表後、「四中は廃校になる」という風評によって、その年は、入学者が例年八〇人前後あるところ二七名と激減してしまった。しかし、「小規模校の良さ」「先生の目が届いた教育」と保護者や教職員の努力もあって評判が良く健在だ。

「生徒数が少ないと人間関係が濃密になって良くないと言うが、子どもの様子も見えるので問題があればすぐわかるし、早いうちに解決できる」「運動会も、近隣の小学校に参加を呼びかけ一緒に競技したり、親の参加する競技もあって楽しい」「小規模だと子どもの出番が多く、誰もが活躍できて主人公になれる。子どもに自信がついて良かった」など保護者の評価も高い。荒川四中存続協議会が、「四中は、存続します」とポスターを手作りし、地域の全戸に貼った活動が実を結びつつあるようだ。

●住民は、あきらめない

住民にとって学校統廃合問題は、地域再生の重要なチャンスなのではないか。様々な理由で入学者が減って廃校の危機をむかえても、小規模校として存続させ、学校として復活させる努力は、あらためて学校を再生させるすばらしい機会だ。そしてなによりも、経済効率だけを優先することが、いかに子どもに負担をかけることか、その問題の重さを知る「住民学習」の場でもあるように思える。

私の中に、漠然と「九中をなくしてはいけない」という気持ちが強くあった。統廃合反対運動を通じて、いつしか九中にかかわるすべての事柄が、この地域の柱のように思えて、どうしても九中に残ってほしい、そしてこれからも生き続けてほしいと願うようになっていた。地域に生きる「アイデンティティ」を地域自ら培っているとすれば、九中はその中で大きな役目をはたしている。わずかに残された変わらぬ路地の風景に幼い頃の一コマを思い出し、自分の居場所を再発見してホッとする、そして自分に帰る。気持ちに励みがついたりもする。子どもを育て、私も親として育った学校、その校舎の匂い、校庭を彩る樹木の変わらぬ様子が、どんなに私たちを安心させてくれるか。

再開発によって暴力的に変容する町の風景に、この学校の佇まいは、単なる「施設」ではなく、「ひとを作り、地域をつくる学校建築」とよぶにふさわしい空間なのだ。ヨーロッパの街には、中心にプラッツ（広場）があり、プラッツに教会があって共同体の核を形成してきたように、私たちの町で、学校は、このプラッツの役割を担ってきていたのだ。そのことに、「学校が無くなる」と聞いてはじめて私たちは気がついた。

火の手が上がるように、荒川区のあちこちで反対運動が巻き起こったのは、プラッツを一方的に卑劣な手段で奪おうとするやり方への抵抗でもあったのだ。したがって、私たちが、この統廃合計画の白紙撤回によって「勝利」したとすれば、それは私たち自身を自らの手に取り戻すことが出来たということにほかならない。

Ⅱ　地域の力で守りきった下町の小学校——荒川区立第二日暮里小

ににちっこ父母の会　小林　敬子

二〇〇三年四月、荒川区立第二日暮里小学校（以下、「二日小《ににち》」）の入学者がゼロ、という事態が起こってしまった。もともと、二日小は、九〇年を過ぎる頃から単学級になりはじめ、二〇〇〇年過ぎには全校で一〇〇名をきるようになった。もともと学区内に児童数が少ないということもあるが、近くに幼稚園や保育園、そして、学童クラブがなく、友人関係で他の小学校に行ったり、親の就労から学童クラブが隣接する小学校を望んだりと、近隣の区内・区外の小学校へ入学する家庭が多かった。また、人数が少ないから何かあったら逃げ場がない（クラス替えができない）・友人関係が薄くなる、など少人数ということに漠然と不安を持ち、敬遠する傾向もあった。

それでも二日小は小規模校として地域に定着していた。少人数の良さを最大限に生かした教育を実践し、児童一人ひとりへのきめ細やかな対応や、全校生徒、全教職員が全員の名前を知っている中での遊びやドッチボールができ（友人関係がうすいということはない！）、そして上級生が下級生に勉強を教える「なかよし学習」、土曜日開校の「わくわく土曜教室」（保護者や教師、地域住民が勉強やスポーツの教室を開催する）では、全学年が一緒に取り組んでいる。入学した子どもたち、保護者からは、「二日小でよかった！」「二日小大好き！」の声があり、また、実際に子どもたちは、アットホームな雰囲気の中で「誰もが主人公」の生き生きとした学校生活を送り、経験の中から生まれた自信を持って、次の中学校に進んでいく姿が見られた。

●「入学者ゼロ」からの一致団結

そんな中、二〇〇〇年一〇月に突然新聞に荒川区の大規模な統廃合計画が発表され、その中に二日小も、近くの小学校に統合される、という内容があった。それは、すぐに白紙撤回になったが、いったん出たウワサはなかなか消えず、「二日小は廃校になる」という風評はずっと根強く残ってしまった。それからは、入学者数はどんどん減り、きわめつけは〇三年から実施された小学校の区内自由選択制だった。これにより、この年の二日小の入学希望者は激減。数人の「二日小がいい」という家庭に対して、「本当に二日小でいいのですか」という教育委員会からの問いかけに、一人抜け、二人抜け、とうとうゼロになってしまった。

この事態を受け、保護者、教職員、同窓会が「二日小に新入生を迎えよう」と一致団結し、集まり、話し合いを続けた。なぜこうなってしまったのか、どう思うのか、これから何をすべきなのか、等々思いを出し合い、動き始めた。動くに当たって、学校の内部的な組織だといろいろ制約があったり、何かやる時に学校に責任がいくと困るので、学校、ＰＴＡとは別の外部団体として「ににちっ子父母の会」を立ち上げた。この会の会合には、校長先生、教頭先生、保護者、同窓会、二日小の卒業生の父母、そして、地域の人たち、という、二日小を心配し支える人たちが集まった。そして「できることはすべて、何でもやろう」ということが合い言葉となった。

新入生を迎え入れるために「二日小の教育実践のＰＲ」「二日小校内に学童クラブを設置する」という二本の柱を決め何ができるのかをみんなで話し合った。

●新聞折り込み広告から学校ＰＲへ

まず、「二日小はなくなる」という根強いウワサを払拭するためにおこなったのが、新聞の折り込み広告。

「二日小はなくなりません！」ということと、二日小の誇るべき教育内容を盛り込んだ紙面を手作りで作成し、日暮里地域の主要四紙（朝日、読売、毎日、サンケイ）に折り込んだ。反響は大きく、二日小に目を向けてもらう効果と、廃校の風評をだいぶ取り除くことができた。

それから、二日小の教育実践やそこでの子どもたちの姿を地域の就学を控えた園児、家庭に見てもらうために、積極的に外に向かってＰＲ発信をした。毎朝、校門前での子どもたちによるあいさつ運動、地域の清掃活動への参加、保育園の父母連主催のお祭りへの参加、この年、初めて企画した「にちっ子まつり」（校庭での、模擬店やバザー、催しなどのまつりを行なう）等々。これらへの地道な、あるいは大胆な取り組みにより、地域や、就学を控えた子どもたち、保護者の中に、少しずつ、二日小の存在や教育内容が浸透していったと思う。

そして、翌〇四年度の二日小の入学児童は一五名だった。一五名というと一般的には少ない人数だが、前年度入学者ゼロという中での、また、少人数学校としては〝立派な数〟として喜んだ。

●学童設置運動を進める中で

そして、もう一つの柱の学童設置運動。以前、区長（前区長）との会見において「三〇名入室希望者がいたら学童を設置する」という約束を取り交わした。そこで、この運動を広報し、学童クラブ入室希望者を募るためにポスターを作成し、チラシを配布することから始まった。チラシの配布は、保育園などでは、外郭団体ということで、園の中では配布してもらえず、通園の時間に園の前で手撒きするという作業だった。日暮里地区とその近隣の保育園、幼稚園に手分けして手渡しで配布した。厳しい作業だったが、「できたらいいですね」といううれしい声を聞いたり、「二日小ってどこにあるんですか」から始まって会話ができたり、運動の力となることもたくさん実感できた。

それから学童設置の署名活動。一〇月から一一月の二カ月足らずの間に二〇〇〇筆以上を集め、区長に提出した。しかし、入室希望者の具体的な人数や名前を把握することはできず、一二月の区の学童入室申請時において、二日小からは入室希望者三名ということで、区は需要人数が少ないとし、学童クラブ設置には到らなかった。

結果的に、〇四年度の二日小の一年生の中から八名の児童が近隣の学童クラブまで通うことになり、また「二日小に学童があれば入りたかった」などの声を後から知ったり、と、事前に本当の希望数が把握できなかったことを知った。これは、「ににちっこ父母の会」の運動開始の前半は新入生獲得のためのPR活動の方に重点を置いてしまい、学童設置運動は夏休み過ぎてからの取り組み、と出遅れてしまったり、区の予算編制の時期を考えず、タイムリーな運動の展開ができなかったこと、希望者把握のための具体的な活動ができなかったことに大きな原因があったと思う。

●保護者と地域と教職員の協力で学校の存続へ

これらの反省と課題が明確になったことで、活動二年目は、二日小のPR活動を継続しながら学童設置を重点目標に置いて運動を進めてきた。早い時期からのアンケート調査による学童希望者の把握、これを受けての本格的入室希望者の名簿づくり、区の学童入学申請時には、区の申し込み用紙の中に二日小学童希望の意志を書き込めるようにすることができた。その結果、第一希望一四名、第二希望一〇名のあわせて二四名だった。でも結果的には、学童設置はかなわなかった。一方、〇五年度の新入生は一四名を迎えた。明るく元気な学校生活がスタートしている。

以上が「ににちっこ父母の会」発足から二年間の取り組みだ。課題を残しながらも、新入生を迎える、という大きな目標に一定の成果を持つことができたのは、在学保護者の努力に加え、教職員と地域の力があったからこそ、だと思う。今後、ににちっこ父母の会は、学童設置の運動を続けながら、地域と学校を結ぶ一つの橋となり、子どもたちのより良い教育環境づくりのために、学校に協力していきたいと思う。

Ⅲ　保護者・子どもの願いを無視して廃校強行 ―― 板橋区立若葉小

旧若葉小の施設活用について考える地域住民の会　本村久美子

●突然、廃校計画

板橋区若木町にある、若葉小学校は、三方を坂に囲まれた住宅街にある、緑豊かな小学校である。つまり、あまり外部の人が入ってこない、地域の目が行き届く、安心して学べる環境である、ということで、ぜひ、若葉に通わせたい・通いたいと願う、地域の保護者・子どもがいた。全学年単学級で、児童数が少ないながらも、保護者の関わり度は高く、運動会などの学校行事の盛り上がりは、まるで地域のお祭りのようで、昔の学校のような、素朴で暖かい校風の学校であった。

その愛すべき若葉小学校に、板橋区の学校選択制度と適正配置を抱き合わせた「廃校ありき」の計画が突きつけられたのである。

二〇〇三年一二月一八日、暮れも押し迫ったこのあわただしい時期に、突然「若葉小学校適正配置計画」説明会が開催され、教育委員会から「二〇〇五年三月を持って学校を廃校にする」との計画の「お示し」があり、当然のことながら、保護者・地域住民は驚き・納得できないと、怒りの声あげ、説明会直後にとったアンケートでも、九八パーセントもの「反対」の数字があがったのである。

教育委員会によると、「〇四年度の新一年生入学希望者が一一人しかいない現状では、適正な学校運営ができない。一五〇人以下単学級の学校は早急な対応が必要であり、適正配置されるべきである」というのである。

これは、二〇〇一（平成一三）年三月にまとめられた、板橋区立学校の適正規模、適正配置の基本的な考え方と具体的方策についての、審議会の答申を踏まえたうえで、さらに学校選択の導入も踏まえた上での計画策定だった。

しかし、教育委員会が、錦の御旗のように振りかざした、審議会の答申は、学校選択制度が視野にない中で作られたものであって、状況が変わった今回のケースにおいては、当然答申自体の見直しも必要であろうという意見も多くあった。また、答申には、統廃合するにあたっては、二校をなくして一つの学校を新しく作ることが望ましいとされていて、事実、板橋区で過去行われた統廃合に関しても二校を廃校にして、新しく一校を作るという、対等な形での統廃合で、児童・保護者の精神的負担・不安を軽減するための配慮のなされたものであった。にもかかわらず、今回の若葉小学校に関しては、若葉一校をなくして、近隣の若木小学校へ吸収合併してしまうという、あまりにも乱暴な、まさに弱者切捨ての計画であった。若葉の子どもたちは、隣接の若木小、緑小、志村五小それぞれに移民のように移っていきなさいという、誰が聞いても心無い、子どものことを考えていない計画であった。

「統廃合ありき」で、学校選択制と適正配置を抱き合わせで、すべてが計画・進行されるという「板橋方式」は、他区に例のない、当事者・現場・地域住民を無視した事例である。教育委員会は、「近隣の若木小学校との統廃合」と言葉ではいうものの、実態は若葉小を廃校にして吸収合併の形をとるというもので、若葉の子どもにだけ負担を負わされる計画であった。

●若葉小を守る会をつくって

あまりに理不尽な計画の押し付けに納得のいかない、私たち保護者は、説明会の折に、教育委員会の新教育制度推進課長の「七割、八割の反対のある中での強硬な計画の進め方はしない」という言葉を信じ、二〇〇四年一月一七日、「若葉小を守る会」を立ち上げ「若葉小適正配置計画の白紙撤回」を求める陳情署名を集め始めたのである。

その結果、一万を超える署名が一カ月もしないうちに集まり、二月議会に提出することができ、文教児童委員会で審議されることになった。児童自らも区長にたいして「若葉が大好きです。学校をなくさないで」と、切なる願いを手紙に託した。「署名は五〇〇〇集まれば……」と思っていた守る会メンバーにとっても、予想以上に集まったことで、必ず事態は好転できると、活動にも勢いがついたのである。

ところが、その間、教育委員会もしたたかに若葉を追い詰める行動を取っていた。二〇〇四年一月一九日、若葉小新入学予定保護者説明会を開き、入学予定の一一名児童保護者に対し「学校がなくなりますが、いいですか」と脅しとも取れる説明がされ、入学予定保護者の方々は非常に混乱し動揺されたと聞く。「できることなら若葉に入れたい。でも一年で学校がなくなってしまうのなら、入れられない。どうしたらいいの」と。

教育委員会の不安をあおる対応で、入学希望者は一人二人と減っていき、一一名の希望者は結局、二名にまで減ってしまった。しかも後々、この一年生が「二名しかいない」ことを引き合いに出してきて「早急な対応が必用」「二名では教育が成り立たない」等々、統廃合の理由づけの一つにされたのである。

●区議会は？

そんな中、二月議会にむけ、「守る会」では、文教児童委員会のメンバーの九名の区議に対してロビー活動をすると同時に、『守る会ニュース』を発行し、保護者・地域の方に向けて「あきらめないでください・統廃合はまだ決定していません」と訴え、追加署名のお願いを続けた。

また、「好きです、若葉小」と題して、若葉小が小規模校ながら、どんなに素敵な学校かをアピールした文章もともに配り、地域から学校をなくさないでほしいという切なる願いを訴えたのである。

「ロビー活動って何？」というくらい、議会や議員に縁のなかった保護者が、二人三人と仕事を休み何とかやりくりして、議員たちにこの現状を訴えた。保護者のなかには、あまりにひどい現状、子どもの気持ちを話すにつけ、つい涙ぐんでしまうことも一度ならずあり、誠心誠意の活動であった。

自民党以外、公明、共産、民主、社民の議員と話すことができ、守る会としても出来ることはすべてやったと、審議の日を迎えたのである。

二月二六日、文教児童委員会。多くの傍聴者のある中、若葉小適正配置計画の白紙撤回を求める陳情審議がされ、活発な議論がされたにもかかわらず、第一項目「計画を白紙撤回」の要求が不採択、第二項目「計画の見直し」が継続審議となってしまった。

共産、社民の議員は、私たちの真意を理解してくれ、採択の立場をとってくれたが、多数決では、自・公・民に負けてしまうのだ。政治に関心のなかった私だが、このときほど、「与党って何？」「民主主義ってこんなもの？」「議会は、行政のチェック機関じゃないの？」と、やり場のない怒りを覚えた。

何とかならないものかと、日をおかず、この計画を打ち出した教育委員会にも、若葉にチャンスをくださいということで、三月の委員会で議題に載せてもらおうと、計画の見直しを求める請願を提出。しかし、五名の教育委員は、事務局の報告（行政の立場での見解。うそではないが、真実も正しく伝えていない）を鵜呑みにして、自ら現場の状況を調べることもなく、簡単な話し合いで、請願を不採択にしたのである。

あまりに当事者をないがしろにしたやりように、あきらめ切れないわたしたちは、文教児童委員会で継続審議になった第二項目「計画の見直し」を採択してもらうための活動と、若葉に地域の子どもに来てもらう活動の二本立てで、がんばろうということになった。

●児童・保護者の不安

こうして多くの保護者がまだ希望を捨てていないこの時期に、若葉小の校長が一枚のプリントを配布した。「『沈むとわかっている船に新たに子どもを乗せる親はいない』と、新一年生の保護者に言われたので、安全な救命ボートに乗せて全員一緒にそれぞれの学校へ送り出したい」（抜粋）。これを読んで、多くの保護者がショックを受けた。「若葉を廃校にするために来た校長」という噂は本当だったのか、と思った保護者も多くいた。学校の協力が得られないこともショックだったが、保護者代表の運営委員長（ＰＴＡ会長にあたる）が、「守る会」と距離をおきたい、と態度を変えたことも痛手にはなった。これらのことと、新入学の一年生が二名ということで、保護者の中にもあきらめの気持ち、どうせ何をしても行政は変わらないとの無力感から、統廃合を受け入れるしかないという選択をする人も出てきたのである。

四月議会においても、「計画の見直し」の陳情が継続審議となり、多くの保護者・児童は行き先の見えない不安感から、廃校になるのか・存続できるのかはっきりさせてほしいという意見も出てきた。各学年ごとの意見集約のための、学年別保護者懇談会が開かれたが、意見は別れ、どうせ存続は無理なら、早く統廃合に向けて準備をしてほしいという意見と、あきらめずに存続に向けて一丸となって活動を続けよう、とに分かれてしまった。

統廃合計画の出されたすぐ後に、教育委員会は、若葉小保護者代表のほか地域住民・町会関係者を加えて協議委員会なる会を作り、数回の話し合いの場を設けたが、若葉小保護者代表一〇名以外、地域住民・町会関係者の出席はほとんどなかった。

こうしたなかで、現場の状況を実際に教育委員の方に見ていただきたいと、各委員の方々に手紙を出し、「事務局の方の報告を鵜呑みにするのではなく、私たち保護者の思いを直接聞いてください。今回の計画の進め方が、どれだけ多くの人を傷つけているのか知ってください」と訴え、七月七日、七夕の日、教育委員二名が参加した「若葉小保護者の意見を聞く会」が開催された。日ごろから、教育委員会事務局の対応に不信感を募らせていた保護者は、ここぞとばかりにどれだけひどいやり方をされてきたのかを、そして、納得できないという思いをぶつける会となった。

出席した委員からは、「これでは話しあいにならない」と言われたのであるが、この会をきっかけに、いままで、人任せにしていた父親たちも「この状況を何とかしなくては」と一念発起し、「親父の会」を結成。若葉小を魅力ある学校にするためのイベントに取り組み始めたのである。夏祭りでは、校庭にやぐらを組み若葉の子どもたちが太鼓を打ち盆踊りをし、夜店もたくさんだし、カブトムシのプレゼントもあった。

「来年の夏も若葉小の校庭でお祭りをしよう！　そのためには、たくさんの子どもに若葉に来てもらおう」お父さんたちのがんばりは、子どもたちにも、地域の大人にも元気をくれた。

●廃校は決まってしまったが

若葉と同時期に、統廃合計画の出された板橋四中が、計画の一年延期を決めたこともあり、風向きはいい感じだと、誰もが思う中で迎えた八月議会。いつものことながら、ロビー活動の感触も悪くなく、自民党以外は「継続」で落ち着くであろうと誰もが信じ、傍聴席に座っていたのである。

事件はおこった。いざ、決議の場面になったそのときあれほど「継続の立場」といっていた公明党の議員二名が退席。さらには、民主党一名も退席。結果、自民不採択三名・共産採択二名で、第二項目まで「不採択」になってしまったのだ。

そして一〇月一八日の本会議においても結果は変わらず（ここでも公明党は退席）、このままでは、「学校設置条例の一部を改正する条例」（いわゆる廃校条例）が、教育委員会に提出されてしまい、若葉の廃校は決定してしまう、という状況に追い込まれてしまったのである。しかし、この段階で五名の新入学希望者がいたということは、今後若葉が存続するのであれば、通いたいと考える子ども・保護者がいることの現われであった。

一一月二日、「せめて、後一年の猶予をください」との要望書を、七三％もの保護者の署名を集めて、提出（後に請願に切り替えた）。一一月九日第二一回教育委員会で審議されたが、請願は不採択。若葉小の廃止についての議案がすんなりと通った。

ここまで追い込まれてしまった私たちは、藁をもすがる思いで、まさに最後の苦渋の選択で、「廃校はやむなし。せめて、準備のための一年の猶予をください」と、区長と教育長あてに要望書を提出したのである。提出期限が一一月一一日ということで、たった二日で、八八世帯中七三世帯の署名・捺印を集めたのだ。再度結成された、若葉小協議委員数人のがんばりがあってこそ、成し遂げることができた要望書であった。

ここまでしたにもかかわらず、若葉の廃校は決定。廃校に向けての取り組みは段取りよく、廃校式の日取りもすぐ決まり（一年前から予定してあったそうだ）記念誌の写真撮りも、すぐに始まった。時間がないことを理由に、話し合いも説明もないまま、写真撮りを強行しようとする学校に対して、納得できないとして二家庭が撮影を拒否。困った校長と担任が、子どもに対して「あなたの本当の気持ちはどうなの？」と問い詰める行為に出るなど、最後まで、信頼できない対応であった。

残念ながら、若葉小学校は三月で廃校になった。

しかし、今また「跡地活用に関して」陳情署名を提出。地域住民が結束して動き始めている。決してあきらめず、「おかしいことは、おかしい」と声を上げ続けようと思う。

Ⅳ　正当な根拠のない統廃合に反対する――台東小保護者へのインタビューから

聞き手・構成　山本 由美

台東区、地下鉄日比谷線入谷駅に近いビル街にあり、創立九七年（前身の私塾、渡辺学校の時期を加えると創立一二四年）の台東小学校は、区立幼稚園、学童保育、中学校、区民事務所などとともに合同ビル内にあり、オープンスペースを多用した建築が特徴的だ。校庭は区内で最も広い。全員参加のパソコン指導、立地を生かした幼稚園や中学との連携が特色である。

二〇〇〇年、台東区は「台東区適正規模適正配置基本方針」（通称、「適々《てきてき》」）を出し、大規模な統廃合計画を公表した。それに基づいて、次々と小・中学校の統廃合が行なわれてきた。しかし、〇四年、台東小および忍岡小については「基本方針の策定時とは異なる人口の増加が予測」されるという理由で、統廃合実施予定が〇五年から〇七年に延期された。ただし台東小については、〇七年までの間に「新入学児童数が一〇人未満となった場合には、その年度末をもって閉校とする」と条件をつけられたのである。

台東区では、人口の都心回帰現象などにより二〇〇〇年から人口増に転じており、特に台東小のある入谷地区は、マンション建設などにより、この数年最も伸び率が高い地域となっている。台東小学区にも、毎年、安定的に三〇数名の就学予定の児童が居住している。

しかしながら、「適々」以降、教育委員会は、就学予定の家庭の保護者に対し「台東小は将来的に廃校になる」という「情報」を提供することによって、結果的に多数の「指定校変更」を生みだし、台東小の児童数は減り続けている。同区の学校選択制は中学校のみで小学校は導入していないにも関わらず、大量の「指定校変更」者、他区からの「越境入学」が認められ、自由選択制の様相をしめしているのだ。〇五年度台東小の入学希望者は六名いたが、直前に教育委員会職員が全戸を家庭訪問し、「事情」を「説明」したため、四名にまで減少した。

また、区内に三校しかない心障学級である「ひまわり学級」が統廃合の対象外とされたことが保護者の反発をかった。現在、台東小を存続させる会、ＰＴＡがともに反対運動を進めている。

●心障学級は統廃合の対象外に

――教育委員会が心障学級を置いて統廃合しろ、ということもあってこんなに事態がこじれたのですか。

栗原優子（仮名、ひまわり学級の元保護者）　教育委員会は、「適々」には、ひまわり学級（心障学級）の人数は入っていない、だから普通学級と一緒に統合することはできない、と言って、保護者の怒りをかったのです。「統合先に予定されているＫ小学校には身障学級の場所がないので、新しくどこかの学校に新設する」というのですが、五年たって、その場所はいまだに決まっていません。

この五年間に、教育委員会と数回話し合いました。一回目に、教育上の観点から見て統廃合は必要だ、と説明されました。でも二回目の説明で、統廃合は財政的な問題だと言うのです。統合先のK小には、他区から越境入学者が大勢います。他区の子どもを育てる場所があるのに台東区の子どもが行く場所はない、というのはおかしな話です。それに、心障学級をどこかに新設する、と言いますが、新設するには、そこの保護者の理解、教職員の理解と経験がなければ成り立たないのです。台東小は心障学級ができて五〇年ほどと歴史も古く、先生たちも代々引継ぎをして伝統を守ってやってきています。

心障学級の保護者は驚いて質問や希望を出し、書面で答えてほしい、とお願いしました。でも返事は一度も来ていません。担当も替わりました。台東小の統廃合が決まらないと、ひまわり学級のことは何も言えない、とずっと言われています。

今思えば、東京都には、二〇〇七（平成一九）年度から、特別支援教育制度（障害の多様化を理由に、従来の心身障害学級等での指導を廃止し、普通学級に在籍させながらプラスアルファで特別の支援をしていこうとする制度）を導入して、障害児のための固定学級をなくし普通学級に統合していく、という全体的な計画があったので、安易に心障学級をなくすことを考えていたのかもしれません。これについても、固定学級をなくさないでほしい、と保護者は運動をしています。

ひまわり学級の中には、トイレの場所が変わっただけで使えないなど、新しい環境になれない子もいます。小・中の九年間、同じ場所に通えるから、という理由で、この学区にわざわざ引っ越して入学した家庭もあります。通学にしても、数カ月の間、親が何人か通学路に待っていて、携帯でその子どもが通過したことを確認しあって、やっと一人通学できる様に育てているケースもあります。まして、この学校には、上級生がひまわりの子どもを学校へ連れてきてくれるような関係もあるのです。

網代光子（台東小ＰＴＡ副会長）　台東小は、みんな一緒にやることが、いい意味で強制的ですから。普通級と心障学級と一緒にやる行事なので、がんばりましょう、と。

栗原　運動会の時、全校リレーで、例えば未熟児だった子どもがまっすぐ走るのが苦手だったりすると、普通級の子どもたち数人で伴走してルートを教えながら走るんです。それは、長い歴史のうちに、まして一年生の時から一緒に生活しているからこそ生まれる自然な行動なのです。

網代　どこかに新設するといっても区内に均等に配置されていれば通いやすいのかもしれませんが、偏っていれば通えません。今、区内に二校ある他の心障学級に行ってもよいというのですが、ひまわり学級のお母さんは「とても通えない」と言っています。

栗原　急に学校がかわることで保護者が心配しているのは、まず第一に、本人が適応できないこと、第二にまわりの子どもたちにも理解されないこと、そして、第三に、通学でも何でも危険度が増すなど保護者の精神的・肉体的な負担が大きくなることなのです。せめて一年前に言わなければとても対応できません。統廃合の正当な理由があれば納得いきますが、それがないと、現状の学校がとてもいいだけに納得できないのです。

網代　教育委員会は、「今より絶対に教育環境をよくします」と言うのですが、具体的な話は一つもありません。台東小の子たちにとっては、「〃ひまわりさんは入れません〃、じゃあ何がよくなるの？」ということです。もしも統廃合するならひまわりさんも一緒しか考えられません。それに少人数がよくて、みんなここに来ているのに、多人数の方が教育環境がいいというのでしょうか。

●本来求められている良さにあふれた学校

――適正規模（一二～一八学級）には実は教育学的根拠はないのですが、教育委員会は多人数がいいというのですか。

網代　教育委員会は「少人数だと人間関係が固定化する、クラス替えも必要」と言うのです。そういうのが必要で希望する親もいるでしょうけれど、希望しない親、適応できない子どももいるのです。だから多人数も少人数もあって、お互いにメリット、デメリットがあっていいんじゃないか、というのが今の台東小の保護者の考え方です。

確かに今、人数がひとけたの学年もあり、それがいいとは思っていないのです。でも、一クラス四〇人、学年二クラスや三クラスになぜこだわるんだろう、と。学年三〇人くらいの方が、実はいいんじゃないか、とみなさん経験的に思っているのです。

それに台東小は、縦割り活動が多く、学年を超えた人間関係はとても豊かで、子どもたちは勉強になっていると思います。行事にしても、低学年も高学年も一緒にやりますから、低学年の子は見ていて、自分たちも上になったらこんな風にやろう、と希望やあこがれを持ちながら上の学年になるのです。

栗原　先生が「どうしようか？」と聞くと、子どもたちが「こうしたい」と応える。普通の学校は先生から一方通行、一方的に指導されることが多いですよね。でも、ここでは、子どもとの意見の交流があって決めていく。先生たちもやりがいがあるんじゃないでしょうか。熱心に指導してくれる。親も教師に何でも言える関係なんです。

網代　そういう意味で、子どもの数は、三〇人がマックスという気がします。この学校では、日常の中で生活に密着している力のつき方が違うんです。総合学習にしても「全校総合」ですから、上級生はこの内容が下級生にできるのかな、と考えながら自分たちで企画していきます。それに、心障学級の子ども達と接する機会がなかったら、大人になってどう対応していいかわからない、台東小に入れて本当によかった、というお母さんの声も聞きます。「みんな一緒」という意識が高い、特別扱いもしない、その子のできる能力に応じて、子どもたちもちゃんと　判断して動くということが自然にできている。

栗原　多人数だと、ふるいにかけてしまう。台東小では、違いを個性として認めている。個性という言葉は知らなくても自然に身につけているのです。

●統廃合は統合先の学校にも影響を与えるはずなのに

網代　最近では、途中で統廃合でも仕方ないか、という気持ちで入ってくる人もいるのですが、学校生活を送ると、台東小の環境の良さを感じてここにいたい、と思うのです。他の学校のことを聞くと、いじめがあるとか、学校に来られない子がいるとか耳にします。この学校にはそういうことは何十年もありません。

統廃合で環境が変わって、果たして自分の子は学校に通えるんだろうか、と不安があります。今の環境に満足しているので、新しい学校に行かない、と言いきってしまう子もいます。「ケアしてくれるのか」と教育委員会にたずねると、「それは先生の仕事ですから」と、子どもには一切関わらないというのです。でも「今の環境より良くしますから」といってもまわりの環境をみると良いとは思えないのです。

栗原　教育委員会は、統合先の学校には説明に行かないんです。本当は、もし統合したら、名前も変わる、制服も校歌も変わる、教師も半分ずつと、大変なはずなのに、K小の保護者はただ台東小の子が来るだけ、と安易に考えている人が多いのではないでしょうか。区内の他の統合した学校ではすでにいろいろトラブルが起きているのに。学校間の意識の違いは大きいのです。

●教育委員会によって保護者が入学を変更させられている

島田博光（ＰＴＡ会長）　台東小の存在意義を声を大にして言いたい。こういう恵まれた環境にあるわけで、統廃合の対象になることに納得できない。アピールしているのは、もっともっと入学して台東小を利用してください、ということです。教育委員会は自分たちで入学者を減らしておいて、「子どもが少ないから、たちゆかない」という。納得がいかない。これから、地域や町会、議員さんにもっと訴えていきたい。

網代　台東小の学区には実際、子どもがいるのです。それを、この何年間か、教育委員会が「台東小は廃校になるから卒業できない」と説明するので、指定校変更がどんどん増えてしまうのです。それで、ものすごく生徒が減ったのです。自然消滅を待っているのはありありです。普通に学校に来ている子たちはどうなるのか、学区制とは何なのか、その無神経さがわからない。

今年は、直前まで予定者が六人いたのに、教育委員会の訪問、「説明」の後、とうとう四人になってしまって、役所は、その四人という数字しか見ないのです。なんでそうなったのか、という過程をちゃんと把握してくれているのか、実態を上に伝えてくれているのか不安でした。

だから、先日、保護者たちが教育長に直接話す場を設けてもらいました。「台東小で卒業できるんだったら入れたかったのに」とか「卒業できるんだったら学年の途中でも行くのに」という保護者もたくさんいる、と話しました。でも「一応、適々の方針どおり進めます」と言われました。

栗原　「適々」ってすごい言葉ですね。全部、「適々で」って言って片づけちゃうんだから。トランプのジョーカーみたいなものですよね。役所は「適々」が全ての人達なんだから。「適々」が理解できない私たちは、そのジョーカーのカードを見せられても、わからない。納得できない。

——「適々」は五年前のもので、あれから状況も変わり、地域の人口も増加に転じて子どもも増えているので、現状に合っていないんじゃないでしょうか。

網代　教育委員会は、「状況が変わったから、推移を見るために対応を二年間延ばした」と言うのですが、「二年間で何が変わるの？」と言いたいです。「一〇年延ばします」と言ったらその間に子どもが入学して卒業できて、入学者が絶対あるのです。でも二年では、入ってても卒業できないから、入らないんです。それを、やっぱり増えないじゃないか、と言われてしまって……。「適々」がぶらさがっている以上、五年間何も変わっていないです。

今後の方針ですが、とにかく台東小を残してほしい、移動する時はひまわりさんと一緒に動けるようにしてほしい。もし、ひまわりさんを別のA校に新設するなら、普通級の子どももみんなでA校に行こう、という親もいるんです。それくらい、ひまわりさんは一緒だ、という意識があります。それが私たちの総意です。

●インタビューを終えて

教育委員会の以下の点は問題だ。第一に、小規模校の「狭い固定化した人間関係」を統合理由に挙げるが、実は、より広く、親密な人間関係が見られることを保護者は指摘している。第二に、統廃合がもたらす子どもへのダメージや統合した相手先への影響について、配慮がない。第三に、「情報提供」と称して入学希望を「変更」させるのは、卑劣で適用力に欠ける。さらに、台東小の心障学級の実践は、固定学級にあっても条件（小規模校で地域の支えもある）さえあれば普通学級との健全な交流は可能、という典型例であり、固定学級方式を否定し特別支援教育を推進する行政側にとっては、あってほしくないケースなのかもしれない。

V　ベッドタウンにおける学校統廃合——東久留米市

東久留米の教育を考える会　草刈　智のぶ

都心から北西へ約二四キロメートル、武蔵野台地のほぼ中央に位置する東久留米市は、池袋から西武線で約二〇分の通勤圏内で、人口一一万人（約四万世帯）をかかえるいわゆるベッドタウンである。一九五九年からの大型団地の相次ぐ建設で人口増加率が都内一位の時代もあった。人口増加に伴い小・中学校も次々と開校されていったが、児童数で七九年の一万三〇六三人（小学校一六校）をピークに次第に少なくなり、二〇〇三年には五九四九人までに減少している。このような状況の中、東久留米市教育委員会は、市を東部・中部・西部の三つの区域に分け、九三年「東久留米市行政事務近代化委員会」での問題提起をかわきりに「小・中学校の適正化」に取り組み、単学級・小規模校の解消を最優先課題として学校の再編成に取り組んだ。そして市内初めての統廃合を実施し、〇四年三月に西部地区のB小学校が廃校になった。

B小学校は児童数の増加により七五年にA小学校から分離するかたちで、A小学校からわずか数百メートルの場所に設立された。児童数は七八年、八二二人（身障学級二クラスを含む二三クラス）をピークとし、公団住宅住民が子育てを終えた頃から徐々に減少し、九九年に全学年が単学級になり、〇三年度に八三人（身障学級二クラスを含む八クラス）で二九年の歴史を閉じた。

●教育委員会によって保護者が不安をあおられる

B小学校については「ゆくゆくは高齢者対象の施設に変わるらしい」という噂があったが、九八年度に入学者が極端に減った際、「同級生少なく、父母不安」という見出しの新聞報道が、事実上、教育委員会が学区域の変更を認めていることを伝えたため、保護者が不安をかき立てられ、それが、児童数の減少に拍車をかけることになった。事実、教育委員会は入学予定の保護者に「父母の意思で子どもの学校を決めることができる」と言っていた。「廃校」なのか「存続」なのか、その事実が教育委員会から明らかにされないままに、保護者ばかりが心を揺らす時期がそれから四年ほど続き、次第に入学者数が減っていった。ところが廃校に向けて本格的に行政が動き出した頃になると、教育委員会は一転して、「絶対に指定校を変更する事はできない」とそれまでと正反対の対応をした。Ｂ小学校保護者の混乱は最後までおさまることはなく、教育委員会への不満はつのるばかりだった。

つまりＢ小学校は、ベッドタウン特有の急激な人口減少を第一の原因として小規模校になり、つぎに、風評と新入学児童の指定校変更についての教育委員会の一貫性のない対応が第二の原因で、児童数が減少を続け、一〇名前後の少人数学級をもつ学校へと変化していったのである。

児童数の減少とともに、教育環境の不平等、例えば子どもの人間関係の限定、ある程度の人数を必要とする体育などの教育内容の固定化に対する不満など、少人数学級によるリスクが保護者にとって大きな課題になってきた。揺れ続けている保護者からは「どの子にも平等な教育環境を保障してほしい」「もしも統合するのであれば、速やかにしてほしい」などという声があがるようになっていた。教育委員会はこの声に素早く対応し、二カ年の準備期間で統廃合を実施する計画を示した。しかしながら、同時にこのままの小規模校を残してほしいという意見も市議会へ「陳情」というかたちで示されており、保護者の思いがひとつに統一されてはいなかったことがわかる。

ここでひとつ気になるのは、どうして廃校に対する反対運動が大きくならなかったかということだ。これにはベッドタウンという地域性と学校の設立経緯がその原因として考えられる。つまり、地域の中心的な文化施設としての学校として建設されたのではなく、増え続ける子どもの受け入れ校をつくらなければならないという行政上の都合から建設されたいきさつが大きく影響しているように思える。一つの地域にA小学校とB小学校の二つの小学校があるというとらえ方ができる。地域の教育力を結集する場としての学校づくりができあがるには無理があったようである。

もうひとつ考えられる原因は、小規模校から極端に少ない少人数クラスへの移行が保護者の不安を予想以上にかき立ててしまったということである。少人数にならない安定した小規模校であれば、保護者も児童も安心感と安定感を持って学校教育を受けることができたように思う。

●住民運動によって統廃合を阻止した小学校では

そのように考えるには根拠がある。それは中部地区のP小学校と東部地区のQ小学校での二つの大きな統廃合に反対する住民運動の展開があったからである。

P小学校は中部地区にある小規模校である。ここでは九九年に東久留米市で最も早く統廃合問題が持ち上がっている。そもそもP小学校の統廃合問題は学校の適正化から出たというよりは、都立公園誘致計画が発端になっていた。都立公園建設予定地内に小規模校P小学校があるという事実が、統廃合によってP小学校を廃校したいという市側の原動力になっていた。

ところが、保護者にとっては、我が子を通わせている学校がなくなるかもしれないという突然の話は、寝耳に水の提案であった。小規模校としての教育内容に疑問を持つことも少なく、それとは正反対に保護者が小規模校であることをあえて選んでその地域に居住することがあったことからも、P小は、ある意味「選ばれた学校」とも言えたのではないだろうか。だからこそ、市からの統廃合に向けての動きがあった時、ストレートに廃校に対して反対の声があがっていったのだろう。その当時二〇五名の児童数で、小規模校ではあっても一クラス三〇名前後の児童がいたことも「なぜ廃校なのか」と保護者に疑問の声をあげさせる大きな要因になった。その上、都立公園誘致という重大な提案とセットだったからこそ、保護者だけではなく、その他の地域住民にとっても、地域そのものの問題としてとらえられていった。保護者の学校廃校に対する疑問の投げかけは、その他の住民との連携に素早くつながっていった。

結果的には、保護者の活動が地域運動として展開していったことと、肝心の都立公園計画が都の財政的な基盤が揺らいだことからとん挫することになり、統廃合に関する問題は一時的ではあるがストップがかかり、P小学校は現在も存続している。当時、革新市政で市民の声が議会や市長に届きやすかったこともうひとつの成功の理由であるかもしれない。

また、西部地区のB小学校の廃校後、市が取りくんだ東部地区での小規模校Q小学校の統廃合問題でも、同校の教育内容に満足している保護者を中心に疑問の声があがり、存続を願う運動が出現した。現在粘り強く活動を続けている状況下で、教育委員会は当初の予定通りには計画を進ませることができないでいる。学校の規模や保護者が運動の中で存続を求めている点などがP小学校と良く似ている。

●統廃合後の子どもへのケアの不十分から「荒れ」の出現へ

さて、B小学校の廃校が決まった後、教育委員会は統廃合に向かう公的な手続きを進めながら、保護者に対しては「統合準備会」（保護者・卒業生・地域関係者・教育委員会が構成メンバー）を組織して、統廃合についての様々な話し合いをおこなっていった。この会議に現場教師の参加が認められなかったことや、教育委員会主導の会議運営であったことなどから、会議の進め方や決定の方法などに対しては最後まで不満の声があった。

しかしながら、会議に出席している保護者や地域住民は、統合される子ども達がどうしたら混乱を少なくその時を迎えることができるのか、という観点で話し合いを続けていった。校名変更やB小学校の伝統の継承等を議題にしながら、二六回の会議が開かれた。保護者は何よりも「子どもがつらい思いをしないで新しい体制に入ってほしい」と訴え続け、子どもの心のケアをする人的な配置を求めた。具体的には養護教諭の加配やカウンセラーの常勤、二年生以上の学年に一名ずつの教師を増員することを繰り返し要望した。

しかし、結局、養護教諭は、看護師を年間一〇日派遣に、カウンセラーは週二日の学校巡回に、教師は補助指導員が二名配置になり、しかも一年間の期限つきになってしまった。教育委員会は施設の整備には約五億円をかけながら、人的配置にはわずか一二〇〇万円しかかけないという判断をしたのだ。両者の意見は最後まで一致しなかったことになる。この間、革新市長から保守系市長に移行（〇一年）しており、市民の声が行政側に届きにくくなっているような印象を受けた。

さて、教育委員会は、今回の統廃合を三校を二校に再編成（A小学校・B小学校・C小学校の三校を二校に再編成）すると明言している。ところが実質的には校名が変更されなかったために、B小学校がA小学校とC小学校の二校に吸収合併されるかたちになっていった。そして四月から新しい学校生活がスタートした。この一年間には実に様々なことが起こった。

まずは校名が変わらなかったために、三月までの小学校との変化を目に見えるかたちで認識することができにくく、何も変わらない学校生活のスタートに、B小学校出身の子ども達とその保護者が戸惑うことが多かった。行事名も内容も前年度と変わる事がなく、「去年と同様に……」という説明に、「新しい学校がスタートした」と認識できないのは無理もないことだった。

結果的には、実質、吸収合併というかたちになってしまった学校生活に、特にB小学校出身の子ども達が慣れようと努力を続けていくことになった。保護者も同様に、B小学校の学校運営と比較しながら、子どもを見守っていくことになった。「統合準備会」では「B小学校の伝統をどう伝えるか」という議論をしていたが、教育内容や行事の持ち方などに、それぞれの学校の伝統があるのだと実感したのはこの時になってであった。そして、新校として学校がスタートするのならば、全てのことを新しくする意識を持ち続けていくやり方が必要であったことを痛烈に感じた。そのためにはやはり校名変更による大人の意識づけが重要だったことに気づいた。校名とは、それほどに重要なものであると今に至って再認識している。

また、いくつかの学級では落ち着かない授業風景が見られるようになり、保護者から心配の声が少しずつあがるようになった。授業に集中できにくい子ども達に対する心配、少人数だったB小学校の時のように子どもたちがリーダー的に活躍できないことに対する不安感などもあった。しかし、その反面、新しい環境の中で友人関係を一新して、元気を取り戻してきたという声もあった。

結局、子ども達はすさまじく揺れていたのだと思う。このような子ども達の実態について教育委員会はしっかりと把握しておく必要があったと思う。そしてその大きな揺れの原因については細かく検証すべきであった。統廃合だけに単純に原因を結びつけることができないのはいうまでもないが、教育委員会は、「荒れ」の原因を、担任の教師としての資質不足や、保護者の養育態度に問題がある、という点にばかり探っているように見えた。その考え方からは決して問題の本質を見極めることはできないと思われた。

●統廃合によって見えてくるもの

さらに、統廃合という教育形態の大変化は、校長をはじめとする教師集団にも大きな負担をかけるという事実もわかった。学級崩壊や教師の指導力不足などの今日的な学校の問題点は、統廃合が実施された場合には、大きな問題として学校にふりかかってくるのである。そしていったん問題が生じると、問題が解決されないままになり、よけいに問題が大きく拡大しかねないとさえ思えた。それほどに統廃合は子どもの心を大きく揺らし、その対応に教師の莫大なエネルギーを必要とする。校長や教師の個人的な努力だけで解決できるというレベルの仕事ではないと実感した。

最後になるが、統廃合という行政主導の問題をめぐって、地域における教育力について学ぶことができたことを記しておきたい。P小学校やQ小学校の廃校に対する反対運動を支えた保護者や地域の力と、B小学校の統廃合により揺れ動く子ども達を見守り続け、その中で何が大人の責任としてできるのかを問い続けた保護者の力は、目標は違うが、「子どもを守り育てていく教育環境を自分達も考えていきたい」という大人の願いに支えられていると思う。地域力がなかなか育ちそうにみえないベッドタウンではあるが、学校づくりを中心に地域をとらえた時、住民の力は結集するのだと実感している。住民が教育を自分達の課題として見つめ始めたとき、地域の教育力の新しい芽吹きがそこに発生していくのだと考えている。

第4章　全国にみる学校選択と学校統廃合

フォーラム　山本 由美

●首都圏以外では

首都圏以外での学校選択制の導入状況はどのようになっているのか。二〇〇四年一一月、文科省は〇四年入学時の小・中学校における学校選択制の実施状況について、全国の市町村（ただし二校以上の小学校または中学校を置く）を対象とした調査結果を行なっている。それによると、調査自治体（小学校二五七六自治体、中学校一四四八自治体）の中で、何らかの形で学校選択制を導入しているのは、小学校二二七自治体（八・八%）、中学校六一自治体（一一・一%）であった。そして、実施を検討しているのは、小学校一五〇自治体（五・八%）、中学校一三八自治体（九・五%）であった。

ただし、自治体内のすべての公立校を選択の対象とする、完全な自由選択制を導入しているのは、小学校三一自治体、中学校四五自治体のみであった。そのうち、東京都が、小学校一〇自治体、中学校二二自治体、埼玉県が、小学校五自治体、中学校八自治体、とあわせて半数以上（中学校は三分の二）を占めている。この背景には、首都圏で、新自由主義教育改革が先行しているとともに、通学可能な圏内（徒歩あるいは公共交通機関を用いて）に複数の公立学校が存在するという条件があるからであろう。また私立小・中受験が多く、一部では、伝統的な「越境入学」も行なわれてきたことなど、保護者が学校を選択する行動に抵抗がないことも影響していると思われる。

自由選択制より選択の範囲がやや狭い「隣接校方式（通学区域に隣接する学校を選択できる）」を導入している自治体は、その二倍近く（小学校五八自治体、中学校四一自治体）、首都圏だけでなく全国に見られる。一般的に、学校間の距離があり、校数も少ない地方の場合、隣接校方式のほうが実態に見合っていることが推測できる。

例えば岡山市では、選択校を隣接校に限定するものの、隣接校が少ない場合、隣接校の隣接校も認める配慮をするなど、自由選択制にかなり近い制度を導入している。また、市内中心部の二校への選択を先行させたものを今年度から全市へと拡大し、基本方針として、従来「教育の機会均等の側面が重視されすぎ」ていたものの見直しをめざす、など、学校の序列化、「エリート校」づくりを意図した制度ともとれる。

全国的に見て学校選択制の方式で最も多いのは、小学校では、他の学区はそのままで、特定の学校のみに自由選択を認める「特認校方式」（小学校七四自治体、中学校二二自治体）で、中学校では、やはり他の学区はそのままで、特定の地域のみ自由選択を認める「特定地域選択制」（小学校六五自治体、中学校四六自治体）である。

これらは、全国の自治体にみられるが、特に「特認校方式」は、鹿児島県に集中（小学校一六自治体、中学校六自治体）していて、東京都には一件もない。これは「小規模特別認可校制度」といわれ、市町村教委が指定した過疎地などの学校について、学区以外からの通学も可能にする制度である。九七年、文部省「通学区域の弾力化」通知を受けて九九年から導入されたものである。一部では、過疎地の学校の存続対策として利用され、あるいは不登校・登校拒否などを理由とした転校希望の子どもが、過疎地にある小規模校へ通学できるような運用が行なわれてきた。

学校選択制とは別に、保護者の申し出により「指定校の変更」が行なわれている自治体は、全国において、小学校で四二・四％、中学校で四七・五％と約半数に達する。これは、都内などに見るように、多くの保護者が利用した場合、ほとんど学校選択制の代替物として機能する可能性があるだろう。

公教育の再編をめざす新自由主義教育改革の一貫としての選択制は、主として首都圏に集中し、地方では、「隣接校方式」「検討中」などのゆるやかな形で増加していると言えよう。

●大阪府寝屋川市のケース

関西圏では、首都圏に比較して学校選択制導入が少ないが、その中で、大阪府で唯一、寝屋川市が、二〇〇五年度から一部で学校選択制を導入している。これは、学校統廃合と結びついたものである。

寝屋川市では、数年前から新自由主義教育改革の手法を取りいれた「改革」が進められてきた。〇三年度から、企業に民間委託した全市対象の「学力テスト」の導入、「教育特区」として、小学校からの英語教育を行なう「国際理解教育特区」への認定とともに、不登校などの対策を理由として小・中の連携をよくするために、「小中一貫教育」が企画された。これは、中学校一校に対して小学校二校が連携する、すなわち「一中二小」形式が適正であるとされた。その校数に合わせるために、当時全部で一二中学校、二六小学校あった市の公立学校のうち、二小学校を機械的に廃校することになった。廃校対象となった一校は五〇〇人規模、もう一校は二〇〇人規模の小学校であった。

突然の話に驚いた保護者の九割が反対請願に署名し、地域住民や教員組合なども反対運動に参加したが、十分な検討を経ないまま、〇四年九月、市議会で廃校条例が可決された。また、対象校の児童数が多く、周囲の学校も含めて児童を移動、調整する必要が生じたこともあり、〇五年度から統廃合対象校の周囲の七小学校を対象に学校選択制を導入することになり、さらに〇六年度から、全市に学校選択制を拡大することになった。首都圏に見られる例とは全く逆の、学校統廃合を契機とした学校選択制がここには見られる。

寝屋川市は、大阪のベッドタウンで、児童・生徒数はピーク時の約半数に落ち込んでいた。市はかねてから行政改革の一貫として学校統廃合を進めたかったと言われる。それを、「教育改革」の一環、「小中一貫教育」の推進、という「教育的」な根拠に基づく廃校理由を立て、廃校に踏み切ったのである。同市では、かつて教員組合運動が活発で、八〇年代には、主任制問題などを通じて教組と行政が確認書を結ぶなど、一定の行政参加を果たしてきた。しかし、一〇年ほど前から、中学校の「荒れ」や不登校が問題化し、学校現場に対する保護者や地域の不満が多くなってきた、と教組関係者は述べる。本来なら、そのような問題は、学校と保護者、地域の連携の中で解決されていくべきであったのだろう。しかし、かえってこの数年、行政によるトップダウンで、学校と地域の連携を断ち切る方向に向かう、新自由主義的な「改革」が行なわれ、その延長線上に統廃合、学校選択も位置づいてきた。「小中一貫教育」が不登校対策や「学力」向上に有効である、とする実証的な根拠はないにもかかわらず。

統廃合決定後の、〇五年二月一四日、市内の小学校において卒業生の少年が校内に入り教師を死傷させる事件が起きた。少年も不登校経験者だった。今後、市は、保護者や地域住民、そして現場教師の要求を反映した「改革」へと方針を転換していく必要があるのではないだろうか。

全国的に、新自由主義教育改革が進展しつつある状況の中で、寝屋川市のように、「改革」に積極的な姿勢を見せる自治体が、「教育的」な動機を掲げて、学校統廃合などの行政改革を推し進めようとする傾向は、今後、他の自治体でも現れるのかもしれない。

●統廃合は増加する――市町村合併、義務教育費国庫負担制度の廃止――

現在、小泉内閣の「構造改革」のもと、大規模な市町村合併政策、および地方税財政の「三位一体改革」など、いわゆる「地方自治構造改革」が進行中である。さらには、〇五年秋、中央教育審議会が義務教育費国庫負担制度の改廃について中間まとめを提出するのを待ち、同制度の廃止、その分の地方への財源委嘱、自治体への一般財源化が本格的に検討される予定である。

しかしながら、その改革によって地方自治体の自主性が拡大し、教育の地方分権が実現するわけではない。地方への義務教育費の委嘱が行なわれた場合、大都市圏以外のほとんどの道県、文部科学省の試算では三六道県で、義務教育費が減少することになる。多くの地方自治体は、義務教育費を縮小せざるをえないが、その場合、民間委託の導入などとともに、教職員の人件費カット、教育公務員数の削減が大々的に行なわれることが考えられる。

そうなると、少人数の児童・生徒に教育サービスを提供する〝非効率的〟な小規模校は、経費削減のために統廃合対象となる可能性が生じる。市町村合併が先行しているので、統廃合計画が出された場合、すでに合併された小規模な町村のコミュニテイが地元の学校を維持しようとする力は、以前より弱体化していると考えられる。

合併に応じなかった自治体の側でも、例えば、鹿児島県垂水市などは、将来的な財政危機への不安から、老朽化した公立学校を改築するための予算の不足を、学校統廃合で乗りきろうとする計画がすでに始まり、反対運動も起きつつある。そのような自治体の財政難による統廃合政策は、今後多くの自治体へ拡大するのだろう。

●大統廃合時代（？）における「改革」へ対抗するには

七〇年代における過疎地の統廃合政策は、多くの保護者、住民による紛争が生じたことにより、文部科学省に「Uターン」通達を出すことを余儀なくさせた。しかし、現代の統廃合問題は、過疎地のみならず都市部でも起きていく。〝昭和の大合併〟にともなう統廃合が地方から都市部への集中を促したとしたら、〝平成の大合併〟後に起こる統廃合はそれに加え、都市内部の競争及び集中を進めるものになるであろう。

今後、予想される統廃合は、第一に、首都圏などで、全面的な学校選択により公教育制度が階層的・序列的に再編されていく中で小規模校が統廃合されるケース、第二に、岡山市に見るように、地方の県庁所在地などの自治体で、一校あるいは数校の言わば「エリート校」を中心にゆるやかな選択制が導入され、周辺部の学校が統廃合されていくケース、そして、第三に、過疎地で、学校選択なしに統廃合が行なわれるケース、に大きく類型化できるのかもしれない。いずれにおいても紛争化を避けるために、「競争的な関係の中でこそ、グローバリズム時代に通用する〝学力〟は保障される」「学校間の競争の中で教育の質は向上する」といった新自由主義教育イデオロギーが利用される可能性がある。

それに対して、首都圏での先行ケースにおいて運動の対抗軸となりえた、地域における学校を守る共同の重要性について広く伝えていくこと、さらに、孤立無援で戦うだけでなく統廃合問題の横のネットワークを作り、情報や運動を共有化していくことは、きわめて重要なのだろう。そういった意味で、保護者や研究者が交流する「小さくてもきらりと輝く学校フォーラム」といった場の持つ意味は大きいだろう。

学校統廃合　Q&A

フォーラム　山本由美・進藤兵・安達智則

Q1　学校の適正規模に教育学的な根拠はありますか？

A　一学校に「一二〜一八学級」という適正規模は統廃合を推進する政策の中で、行政効率性から生まれた数字です。教育学的根拠はありません（前掲、若林敬子『学校統廃合の社会学的研究』、参照）。しかし法律上、この数字があるために、裁判で統廃合反対側は圧倒的に不利なのです。

欧米の学校、特に小学校は一般に小規模です。学級の適正規模についての教育学的研究によれば、一クラス二〇名前後が適正という結果が出ています（桑原敏明研究代表「学校・学級編制に関する総合的研究」文部科学省科学研究費補助金研究成果報告書、二〇〇〇年）。都内の小規模校の教師や保護者たちも、体験的に一学級一五人くらいの学級が良いと言います。

Q2　小規模校では社会性が育たず、人間関係が固定化するといわれますが……

A　一般に単学級構成の小規模校は、縦割り活動を多く用い、学年を超えた交流が活発です。荒川区の第二日暮里小では、週三回朝の時間に、縦割り班で「仲良し学習」という国語と算数のドリル学習をやっています。上級生が下級生に丸付けをし、わからないところを教えてあげ、教えることで上級生の学力も定着します。また、全校参加の金管バンドも、上級生が下級生に楽器の演奏を一から教えています。学芸会や運動会も、誰もが主役になれるし、地域の参加などもあって盛りあがります。上級生はみんなが委員会やクラブの代表になり責任を持ちます。他校の高学年でしばしば起きる学級崩壊も見られません。教師集団も一体感があり、個々の教師の指導もきめ細やかで、学校全体が家族的な雰囲気、いじめも不登校もありえません。小規模校で人間関係の固定化によるいじめを心配する声もありますが、いじめや不登校はむしろ管理主義的な大規模校で起きているのです。

Q3 保護者は統廃合問題で自校の教職員とどうしたら共同できるでしょうか？

A 第二日暮里小で、「新入生ゼロ」が決まり、ＰＴＡや地域住民が「先生たちは何をやっているんだ！学校をつぶす気か！」と押しかけた時、ある教師は、一瞬「なんで私たちのせいになるの？」と思ったけれど、「とにかく学校を守らなくては」と覚悟を決めたそうです。別の教師は、「これまで積み重ねて来た教育実践のすばらしさには自信があったのに、それとは全く別の論理で〝選ばれなかった〟ことが本当にくやしかった」と言います。一見「客観的」な、しかし実は行政による作為的な「結果」で学校をつぶそうとすることは、まともな教師のプライドを傷つけ、逆にやる気にさせてしまったのでしょう。また、当時の校長は、保護者や地域住民の熱意に打たれたのだと思います。日常的に教師と父母、住民の関係がよかったことも大きいです。これは小規模校だったら、そうなる条件はクリアしているでしょう。保護者と地域と教職員が一体になることができれば、学校は守れます。

しかし今日、教師への統制は厳しく、一般教師もそうですが、校長など管理職は教育委員会側につくことが多いと思います。でも、動いてくれなくても、多くの教師は日常的に子どもに接する中で、統廃合は子どもにとってダメージがあるのだということをわかっているはずです。だから、教師たちが積極的でなくても、その立場を察して、運動の側が絶望してしまわないで下さい。粘り強く働きかけてみましょう。また、そんな時は、地元の教職員組合事務所か自治体の組合事務所に電話をかけて相談してみる手もあります。教職員組合には、行政の顔色を見るよりも子どもたちを大切にしよう、といったタイプの教師が集まっていることが多いのです。相談に乗ってくれますし、あなたの学校で協力してくれそうな教師を紹介してくれるかもしれません。

Q4

統廃合計画に対して保護者が反対運動を立ち上げるためにはどうしたらよいでしょうか？　また反対運動をより広く組織するためにはどうしたらよいでしょうか？

A

統廃合反対運動には、①「学校適正配置検討委員会」に「統廃合」という答申を出させない、②答申が出ても、教育委員会に「統廃合」の決定をさせない、③教委決定があっても、区市町村長に「学校設置条例改正案」を作成させない、④条例案が議会に提出されても、成立させない、⑤成立必至の場合は、運動側の要求を入れた附帯決議をつけさせる、⑥条例成立後も取り組みを展開する（→Q10）という六段階があります。

反対運動は、早い段階から始めるほど効果があります。統廃合反対の運動の中心になるのは、やはり保護者です。子どもが通学し続けたいと言っている学校が統廃合されるのはおかしいと思ったあなたは、第一に

ＰＴＡの会長さんなどに統廃合反対の取り組みについて相談をしましょう。そしてＰＴＡとして（あるいはＰＴＡ有志で）統廃合反対の署名をできるだけたくさん集めましょう。同時に統廃合反対の運動の地域への広がりも、たいへん重要です。ですから第二に、ＰＴＡとは別に「＊＊学校を守る会」を結成しましょう（名称はそれぞれ、ふさわしいものを工夫してください）。「会」には現役の保護者だけではなく、「地域の学校を守ろう」の一点で呼びかけて歴代のＰＴＡ会長さんや、学区内の町内会・自治会・商店会などの役員さん（現役・歴代）、地域住民の皆さんなどにも加入してもらい、統廃合反対の署名・陳情活動を展開しましょう。第三に、学校の校長や教員に「会」の活動に（非公式にでも）協力してもらうよう要請しましょう。第四に、学校の素晴らしい教育実践や子ども・保護者・住民の声、「会」の活動を、メディアに発信していきましょう。第五に、「会」として地元選出の（とくに与党の）区市町村議員さんにも働きかけましょう。

Q5 保護者は、行政に対してどのように「学校統廃合反対」を働きかけたらよいですか？

A

少なくとも三つの行政を相手にする必要があります。教育委員会と市長・区長・町村長（首長）と企画部（政策経営部）です。

その中でも「学校統廃合」に直接関係しているのは、「教育委員会」です。議会や首長からの政治的圧力や一般行政の政策からも自立することが必要だとされているために、教育行政は独立した「教育委員会」制度になっています。しかし教育委員会事務局の職員は、一般的な自治体職員で、職員異動で教育委員会にきている人がほとんどです。最近では、ほとんど三年で異動しており、行政の継続性やプロ性は、なかなか身に付きません。住民側から学校教育の基本を「教育」する必要もあります。教育委員は、公式な役職です。

教育委員一人ひとりにも、「学校統廃合反対」の主張をぜひ届けましょう。自宅を訪問し、あるいは役所の会議室で、教育委員に対して、懇談・請願しましょう。

また、何と言っても「市長・区長」に働きかけることが大切です。住民の直接選挙で選ばれた首長に、「学校統廃合」反対の要望を伝え、政策の変更を求めましょう。学校統廃合を促進している市長・区長の場合には、なかなか会おうとしませんが、その時でも、市長・区長の秘書（秘書室にいる）に、「なぜ学校統廃合に反対か」という住民運動の文書を手渡すべきです。

三つ目に、自治体の全体の企画を進めている担当部局です。自治体によって違いますが、企画部・政策部・企画経営部・政策経営部という名称です。自治体の基本構想・基本計画・行政改革を担当しています。そうした企画の中枢部が、学校統廃合計画（適正化計画）を直接立案していることがあります。この企画部・政策経営部には、「学校統廃合は、自治体の基本計画とどういう関係になっているのか」を明らかにしてもらいましょう。「行政手続法」が制定されてからは、行政責任として、行政の手続きについて、住民に説明することが必要になりました。その情報を分析して、学校統廃合計画の実態をつかみましょう。

Q6　議会などに陳情・請願を出す時にはどうしたらよいでしょうか？

A

「学校合併反対」の住民運動として、議会に対する「学校存続等を求める署名」活動があります。「陳情」や「請願」の活動です。同時に、首長や教育委員会にも「陳情」することも、法律・条例で禁止されていません。「学校を残すべき」という主張の「陳情」活動を、議会に提出すると同時に、行政内の世論づくり活動であると捉えて、積極的な住民参加の「手段」にしていきましょう。

議会への「請願」は、「陳情」とは、少し違う「手続」が必要になります。自治体の場合には、紹介議員が必要です（地方自治法一二四条）。また議会で「請願」を取り扱うために、必要とされる手続やルールがあります。請願書への印鑑の押印や署名の取扱いです。自治体によっては署名に押印が必要とされるので気をつけましょう。

憲法第一六条は、「請願権」を保障しています。「請願権」を、国会（立法府）だけのものという狭い捉え方ではなくて、ひろく国民の参政権のひとつと捉えたいものです。「選挙」だけを参政権ととらえるのではなくて、これを補完するために直接民主主義として「請願権」を憲法上の参政権として位置づけるのです。

この参政権的「請願権」の発展方向として、さらに二つの視点を追加しておきます。

一つの追加的視点は、国会だけでなく、「行政・司法も含めて請願権を使おう」ということです。第一六条には、「法律・国会の役割」だけでなく、「命令・規則」に対する「請願権」を認めていますから、「請願権」の対象が、国会（立法府）だけに限られるのではなくて、行政・司法（損害の救済）にも及ぶと言うことです。

二つめは、国家権力が国民の生活を侵害するような場合、この「請願権」が、国民の抵抗権を基本的人権として積極的に承認しているという視点です。つまり行政に対して、非暴力で平和な抗議行動を含めた請願行動は、国民の基本的人権である、と言うべきなのです（安達智則『自治体「構造改革」批判――「NPM行革」から市民の自治体へ』、旬報社、二〇〇四年）。

Q7 いったん決まった統廃合計画の見なおしはできないのですか？

A　学校統廃合は、「学校設置条例の一部改正案」（別表から＊＊学校の名前と住所を削除する場合は「廃校条例」と呼ばれますが、統廃合後の新設校の名称・住所を書き入れる場合もあります）が議会で議決されなければ、法的には不可能です。いわゆる統廃合計画とは、教育委員会の「学校配置方針」、あるいは教育委員会の下に設けられた「学校適正配置検討委員会」（名称はいろいろあります）の答申のことで、区市町村長が条例案を作成する際の最も重要な参考資料であることは確かですが、しかし行政の内部資料です。ですから統廃合計画の修正はもちろん可能ですし、むしろ子どもの数の変化や住民の要求に応じて統廃合計画を見直すことは当然と言えます。例えば、東京都台東区教育委員会は、二〇〇〇年七月に決定した「学校適正配置適正規模計画」を〇四年一月に修正し、廃校対象校について、子どもの増加も見込まれることから廃校を条件付きで二年延長しました。保護者・地域住民が統廃合反対の要求をしていけば、統廃合計画の見直しは可能です。

Q8　学校統廃合を強行するような自治体の政治を変えるにはどうしたらいいでしょうか？

A　住民（市民）が自治体の政治改革に取り組むためには、政治の主人公は住民であることを、繰り返し確認することが大切です。まず学校の統廃合を推進しているのは誰か、どの行政担当セクションなのか、をよく見抜くようにしましょう。住民が取り組める自治体改革として、〈政治改革としての首長改革〉〈議会内勢力の改革〉〈行政の政策改革〉をあげることができます。

〈政治改革としての首長改革〉は、学校統廃合を進めている市長・区長・町村長を、首長選挙で、学校を地域に残していく理念と政策を持った首長に変えることです。日本の地方自治では、首長選挙は住民の直接の選挙なので、「一発勝負」ができます。候補者と政策と運動の取り組み次第で、教育に冷たい首長から、学校と地域を大切にした首長に変えることは可能です。

〈議会内勢力の改革〉は、学校統廃合に反対する議員を多数派にすることです。東京都や神奈川県のような大都市部では、議員の出身者は、大政党別になっています。しかし、近郊都市や地方都市では、無所属の議員が少なからずいます。そうした、無所属の議員達に、地域の中の「学校は、地域のへそ」(台東区の住民運動の声)である、という声を伝えて、日本の子どもの未来のために学校存続の立場で、議会活動をしてもらうように働きかけましょう。

学校統廃合について、住民運動が盛り上がれば、日本共産党は「反対の立場」になってくれるはずです。公明党は「是々非々主義」のようです。板橋区の若葉小のように、公明党は学校存続にあいまいな態度で変化することがあります。住民運動は最後まで、監視活動を行わなければなりません。民主党や生活者ネットの地方議員は、どちらかといえば、教育の「自由化」に賛成の立場の議員が多いようです。しかし、子育てしている地域の女性達や団塊の世代が、「地域に学校を残せ」と声を上げて、議員達に伝えていけば、議員の立場を変えることも可能です。

「学校統廃合」を進める首長や行政担当者と「闘って」くれる議員が一人でも増えるように、住民運動は議員による「学校存続議員連盟」(仮称)の結成を迫りましょう。

議員の議会活動にも注目しましょう。議会には、議員全員が参加して、予算や条例等を議決する全体会、および全体会以外に常設されている「委員会」があります。学校統廃合の問題を中心的に取り上げるのは、「文教委員会」になります。その「文教委員会」の傍聴を住民運動は、行わなければなりません。また、「予算特別委員会」は、自治体の中枢神経とも言われる「予算」について議論する委員会です。さらに、自治体総合計画にも学校統廃合（適正配置計画）が関係するので、「総務委員会」にも関係している内容となります。そして、議員一人ひとりに対して、「委員会」の前後に、議員控え室（多くは政党別になっている）に出かけていって、「学校統廃合」反対のための、訴えを繰り返しましょう。

議員達の、議会や委員会での発言や活動については、住民運動は、地域の多くの人に伝えることです。学校つぶしの議員か、学校存続の議員か、議会傍聴や議事録をよく点検して、住民による「議員・教育政策採点表」（仮称）のような、住民による議員の政策評価をしていくことも、考えられます。

「明日の天気は変えられないが、明日の自治体政治は変えられるのです。」

Q9　マスコミを通じて学校統廃合を訴えたいものですが。

A

マスコミ対策の入口は、マスコミに「学校統廃合」の思想と運動を伝えることです。

まずテレビについては、「学校統廃合反対フォーラム」のような集会を取り上げてくれる可能性もゼロではないので、「フォーラム」集会の情報を提供することです。NHKを始めとして、大手テレビ会社に、集会の案内チラシを、報道部や教育担当に送りましょう。それだけではありません。大手のマスコミ新聞は、朝日新聞・読売新聞・毎日新聞・東京新聞・日経新聞等です。共同通信・時事通信は、新聞のメディアはもっていないものの、情報の配信だけを行っている専門の情報提供会社です。これも、マスコミ機関です。地方の新聞は、この共同通信や時事通信からの配信記事が、よく使われています。

新聞には住民運動が利用できるコーナーがあります。集会や研究会の案内を「無料」で載せているコーナーに投稿しましょう。また新聞の「政治部・社会部・文化部」に対して、住民運動の情報（集会だけではなく、自治体の「統廃合計画」の資料、学校廃校に反対する住民の心情を伝えられる資料等）を提供しましょう。

記者会見は、社会にアピールする方法です。記者クラブなども利用し、場所・時間を決めて、各マスコミに記者会見をすることをFAXなどで連絡しましょう。

東京の場合には、都政や区政や市政の専門誌として『都政新報』があり、都政・区政の管理職は、必読になっています。この『都政新報』は、都政や区政が、住民生活に問題を起こした場合には、住民運動を取り上げることもあります。石原都政（歴代都政に対しても）の批判的な記事も、時々掲載しています。東京の住民運動は、この『都政新報』にも情報提供をすることです。

Q10 廃校条例が決定されてしまったらどうしたらよいでしょうか？

A 四つの道があります。第一は、廃校という決定を無効にするべく、裁判に訴えることです（↓Q12）。第二は、学校の復活（正確に言うと新設）を求める取り組みを始めることです。例えば、「＊＊地域に学校設置を求める会」などを結成して、署名を集め、教育委員会や区市議会に陳情・請願することが考えられます。そして第三は、廃校という事実を受け入れた上で、残った校舎や跡地を子ども・保護者・地域住民にとって有効に活用することです。校舎が耐震建築ならば、保育所・児童館・コミュニティ施設・高齢者施設などに活用できます。老朽化していて取り壊しが必要な場合も、跡地を民間に売却したりせず、公共性の高い利用を検討するべきです。行政側は「旧＊＊学校跡地利用検討委員会」といった審議会を設置しますので、その中に旧保護者や地元自治会などの代表を入れるよう要求し、審議に参加してはどうでしょうか。「旧＊＊学校の跡地利用を考える会」などを結成して、審議を監視し、また旧子ども・保護者・地元側の要求を出していくことも必要です。第四は、学校史を編纂することです。『＊＊学校＊十年史』の中に、代々の子どもたちの喜びと悲しみを、教師たちの教育実践の歴史を、そして廃校反対運動をしっかりと記録し、人々の胸に刻みましょう。

Q11 教育委員会が入学希望者を戸別訪問して希望を変更させました。それに対して抗議したいのですが。

A 区市町村の「教育委員会事務局規則」では子どもの入学に関する事務を教育委員会（学務課）で処理することとし、教育委員会はそれぞれの子どもに通学する学校を指定する就学通知書を発行します。しかし基本は子どもの学習権と保護者の教育権ですから、教育委員会は子どもや保護者の希望に反して通学校を指定する権限をもっていません。そこで教育委員会は、子どもや保護者に希望校を変更してもらうよう非公式に「助言」「働きかけ」をするわけで、戸別訪問や保護者説明会などはこれにあたります。こうした非公式の「助言」「働きかけ」は、いわゆる行政指導ですが、区市町村の「行政手続条例」によれば、行政指導は強制的であってはならない、権限をちらつかせて従わざるをえないように仕向けてはならない、従わない者に不利益を与えてはいけない、従わない者の権利を妨げてはならない、口頭の行政指導は文書にするよう要求することができる、複数の者への行政指導は公表しなければならない、と定められています。ですから、保護者がこれらの点に違反していると考えれば、行政に抗議することが当然、可能です。

Q12 学校統廃合をストップさせるために裁判を起こせるのでしょうか？

A

インターネットで「学校統廃合」「裁判」の検索をすると、いくつも裁判の事例を見つけられます。とくに栃木県足利市の「西小学校の未来を考える協議会」のホームページは、裁判資料や他の資料も豊富に掲載しています(http://www.nishishou.com/)。裁判では、①廃校前なら廃校中止(執行停止)訴訟、②廃校後なら廃校取消訴訟が可能です（行政事件訴訟の場合と国家賠償請求訴訟の場合とがあります)。裁判の基本型は、廃校によって子どもの通学条件・学習環境が著しく悪化することや、廃校決定に至る教育委員会の拙速・不誠実さが、教育基本法一〇条（子どもの学習権と保護者の教育権を保障するための自治体の施設整備義務）と学校教育法二九条（区市町村の学校設置義務）に違反していることを問うというものです。

しかし残念ながら、各地の裁判所は、一九五六年の文部省通知による学校統廃合基準（小学校ならば一二―一八学級以下になった場合で、通学距離四キロ以内が確保できる）を根拠にして、区市町村に統廃合の裁量を与える判決を出しつづけています（『別冊ジュリスト　教育判例百選（第三版)』有斐閣、一九九二年、愛知大学教育判例研究会ほか編『現代日本の教育実践・教育裁判判例研究』亜紀書房、一九九五年)。

学校統廃合に負けない！　小さくてもきらりと輝く学校フォーラム　アピール

私たちは、これまで、それぞれの地域・学校で小規模校の廃校に反対する活動を続けてきた。そして今日のフォーラムをつうじて、はじめて知り合うことができた。

現在、東京都内の区・市や首都圏の自治体で、教育委員会が策定した小中学校「適正配置計画」（統廃合計画）によって、生徒数が少ない小中学校が廃校されるケースが増えている。その多くは、「学校選択制」（通学区域の自由化）という方法によって、公立の学校どうしを競争にさらした上で、「少子化による生徒数減少の中で、小規模校の廃校はしかたない」「小規模校は活力がない」「小規模校は良い教育環境とは言えない」という理由をつけて、廃校に追いこむというものである。

しかし、私たちが第一に訴えたいのは、規模は小さくても、数十年の歴史を持ち、地域に根付いてきた小中学校は、それ自体で価値があるということである。学校がいろいろな点で（地域住民の応急的避難場所としての役割を果たすことも含めて）地域社会の中心になっていることを認めてほしいというのが、私たちの思いである。第二に訴えたいことは、そういう価値を持つ学校を、教育委員会や区・市議会は一方的に廃校決定するべきではないということである。子どもたちの「私たちの学校をつぶさないで」という声に耳を傾け、学校存続を求める保護者・地域住民ときちんと話し合いの場を持ち、慎重に対処してほしいというのが、私たちの願いである。

私たちはこれまで、それぞれの地域・学校で、暗中模索、孤立無援の状況の中で、活動を続けてきた。しかし、今日の集いをつうじて、お互いを知り合い、それぞれの経験を交流することができた。そして、地域に根付き、子どもたちが愛着を持ち、保護者たちに支えられ、教職員が熱意をもっている学校には存続する価値があること、むしろそういう学校にこそ、元気で活力がある、行き届いたすばらしい教育を営むことができる可能性があることを、改めて確認した。

また、入学希望者を確保するために、教職員・ＰＴＡ・地域社会が全力をあげて学校存続にとりくみ、少人数の良さをいかした学習活動や課外活動、地域社会と一体となった行事などをつうじて学校に元気を取り戻し、そればかりか、このとりくみがもとになって地域が活性化しはじめている、そんな学校があることも知った。

私たちは、今日のこの集いを出発点にして、各地域・学校での学校存続を求める活動が、横につながり、連絡を取り合い、交流していけると考えている。また、各自治体で進んでいる学校選択制や学校統廃合政策についても学習していきたいと考えている。

これからも、学校統廃合に負けず、地域に根付いた学校づくりを、それぞれの地域で進めていきましょう。

二〇〇四年一二月一九日

「学校統廃合に負けない！　小さくてもきらりと輝く学校フォーラム」参加者一同

台東区立台東小学校の存続を求める緊急アピール

台東区立台東小学校は、入谷鬼子母神にほど近い地域にある、九五年の歴史をもつ学校です。「学び合い　支え合い　共に未来へ」を教育目標として、全ての子どもたちと教職員がお互いに知り合いになり、地域と一緒に教育を作り上げるとりくみをしてきました。そして、台東小には、五〇年の歴史をもつ心身障害学級「ひまわり学級」があります。幼稚園・中学校との交流や、地域行事、中国の学校との友好にも活発に取り組んでいます。

しかし、台東小はいま、存亡の危機に立っています。区議会で「新入学児童数が一〇人未満だった場合、その年度末をもって廃校にする」と決議され、二〇〇四年一二月現在は「廃校待ち」の状況です。

しかし、平成一七年度に入学希望者が少ないのは、たまたま地域の児童数が少ないからで、一八年度以降は再び入学者が増える展望があります。何よりも、小学校としては九五年間、障害学級としては五〇年間、地域に根付いてきた歴史を持っています。

現在、台東小のPTAや地域の有志が「存続させる会」をつくり、学校存続を賭けたとりくみが行われています。私たち「フォーラム」の参加者一同は、台東小存続を求める活動を応援するとともに、台東区ならびに台東区教育委員会にたいして台東小を廃校にしないことを、強く要望するものです。

二〇〇四年一二月一九日

「学校統廃合に負けない！　小さくてもきらりと輝く学校フォーラム」参加者一同

あとがき

共同で調査して昨年出版された『地域における新自由主義教育改革――学校選択、学力テスト、教育特区――』（堀尾輝久、小島喜孝編、エイデル研究所、二〇〇四年）の反響について、進藤兵さんに、「日暮里二小の実践について、やけに問い合わせがあるんです。統廃合に反対する親や小規模校の校長から」と話したら、「じゃあフォーラムをやりましょう」と提案され、各自治体の事情にくわしい安達智則さんにも相談して、実現のはこびとなった。

それから実際に統廃合反対運動の渦中にいる多くの親たちに会った。闘う母親は美しかった。自分の子どものことから出発して、いつの間にか、地域の学校を守るという大きな正義、それもとても身近でリアリティのある正義のために闘っていた。受験などで我が子のことだけに必死になりがちな親も多いのに、美しいものをたくさん見た気がする。彼女らの悔しさや、学校への思いを言葉にしたいという強い気持ちからこの本ができたと思う。

それと、「教育改革」が暴走した統廃合決定後の寝屋川市で、犠牲になった教師たちのことは忘れられない。「改革」と刺傷事件の因果関係に確証はないが、その三日前に寝屋川市を訪れた私の目に、学校と地域の関係は殺伐として見えたのだった。

でも、日本全国の地域には、すばらしい教師がいる。親も教師と手を取っていってほしいと願う。最後になるが、花伝社の柴田章さんには編集のみならず様々なアドバイスをいただいたことを、感謝している。

（山本由美）

編　者
進藤　兵（しんどう・ひょう）　名古屋大学法学部教員、専攻／地方自治論・東京都政論
山本由美（やまもと・ゆみ）　工学院大学非常勤講師、専攻／教育行政学
安達智則（あだち・とものり）　東京自治問題研究所、健和会医療福祉調査室

執筆者
田中孝彦（たなか・たかひこ）　都留文科大学教授、専攻／教育思想・臨床教育学
市村由喜子（いちむら・ゆきこ）
元荒川九中統廃合問題を考える会、区民の声を区政にとどける会代表代行
小林敬子（こばやし・けいこ）　ににちっこ父母の会代表
本村久美子（ほんむら・くみこ）
旧若葉小の施設活用について考える地域住民の会、いたばし男女平等いどばた会議メンバー
草刈智のぶ（くさかり・ちのぶ）　東久留米の教育を考える会、こどもネットワーク事務局

〈小さくてもきらりと輝く学校フォーラム〉連絡先
〒464-8601 名古屋市千種区不老町　名古屋大学法学部進藤研究室気付
E-mail：　tyousasitu@kenwa.or.jp
　　　　　yotoriya@iea.att.ne.jp

学校統廃合に負けない！——小さくてもきらりと輝く学校をめざして

2005年6月28日　初版第1刷発行

著者 —— 進藤　兵・山本由美・安達智則
発行者 — 平田　勝
発行 —— 花伝社
発売 —— 共栄書房
〒101-0065　東京都千代田区西神田2-7-6 川合ビル
電話　03-3263-3813
FAX　03-3239-8272
E-mail　kadensha@muf.biglobe.ne.jp
URL　http://www1.biz.biglobe.ne.jp/~kadensha
振替 —— 00140-6-59661
装幀 —— 神田程史
絵 ——— 遠藤由紀
印刷・製本 ーモリモト印刷株式会社

ISBN4-7634-0443-1 C0036